Klaus-Dieter Müller

Erfolgreich Denken und Arbeiten in Netzwerken

Networking als Kulturtechnik

Springer VS

Klaus-Dieter Müller
Potsdam
Deutschland

ISBN 978-3-658-02107-8   ISBN 978-3-658-02108-5 (eBook)
DOI 10.1007/978-3-658-02108-5

Die Deutsche Nationalbibliothek verzeichnet diese Publikation in der Deutschen Natio-
nalbibliografie; detaillierte bibliografische Daten sind im Internet über http://dnb.d-nb.de
abrufbar.

Springer VS
© Springer Fachmedien Wiesbaden 2013

Gedruckt auf säurefreiem und chlorfrei gebleichtem Papier

Springer VS ist eine Marke von Springer DE.
Springer DE ist Teil der Fachverlagsgruppe Springer Science+Business Media
www.springer-vs.de

Meiner Enkelin
Lina Mareen Karpinski

Vorwort Daniel Baier

In sozialen Netzwerken wie Facebook, Twitter, LinkedIn oder Xing ist es heute relativ einfach möglich, den Vernetzungsgrad einer öffentlichen oder privaten Person zu bestimmen. Jeder Nutzer hat dort die Möglichkeit, andere Nutzer aufzufordern, seine Folger, Freunde oder Kontakte zu werden und damit zu signalisieren, dass sie ihn wertschätzen und an ihm, seinen Meinungen oder Hinweisen interessiert sind. Die Zahl und Qualität der sich so anschließenden Folger, Freunde oder Kontakte sind für andere Nutzer als Vernetzung sichtbar und bestimmen den Wert des Nutzers mit weitreichenden Konsequenzen.

So ist im Oktober 2012 die Pop-Sängerin Lady Gaga die am stärksten vernetzte Twitter-Nutzerin. Mehr als 30 Mio. Folger schätzen sie und wollen von ihr darüber informiert werden, was sie gerade denkt und tut. Ihre Meinungen werden von diesen vielen Folgern ständig aufgenommen und reflektiert. Die digitale Nähe beeinflusst das Verhalten der Folger nicht unerheblich. Nicht umsonst bedienen sich neben Popstars auch viele Politiker dieser Einflussnahme durch Vernetzung. Nach Lady Gaga, Justin Bieber, Katy Perry, Rihanna und Britney Spears folgt im Twitter-Ranking der am stärksten vernetzten Nutzer auf Platz sechs US-Präsident Barack Obama.

Aber auch für viele private Personen ist die Qualität ihrer Vernetzung ein wichtiger Wert: Wie viele und welche Freunde oder Kontakte jemand hat, gibt anderen einen Eindruck davon, wie diese Person vernetzt und ob es interessant ist, diese Person auch außerhalb der digitalen Welt als Partner oder Mitarbeiter zu gewinnen. Da diese Vernetzung in der digitalen Welt leicht überprüft werden kann, ist sie schnell mal ein Kriterium dafür, ob diese Person zu einem Rendevouz, einem Einstellungsgespräch oder einer Auftragsvergabe eingeladen wird. Nicht umsonst nutzen viele Partnersuchende, Unternehmen und Headhunter die sozialen Netzwerke zu diesem Zweck.

Obwohl viele die sozialen Netzwerke heute in diesem Sinne nutzen, gibt es nur wenige fundierte Ratgeber, die uns helfen, sich darin nutzbringend zu bewegen.

Die meisten sind von Informatikern geschrieben und vor allem darauf ausgerichtet, welche technischen Funktionen digitale soziale Netzwerke haben und wie man diese bedient. Wenig erfährt man in diesen Ratgebern darüber, dass es Netzwerke und Vernetzungen auch außerhalb der digitalen Welt gibt, wie man sich in solchen Netzwerken richtig positioniert und verhält, wie man dieses Vernetzungswissen in der digitalen Welt nutzen kann und wie man die Netzwerke inner- und außerhalb der digitalen Welt verknüpft.

Um diese Lücke zu schließen, bringt der Autor des vorliegenden Buches, Prof. Dr. Klaus-Dieter Müller, genau die richtigen Kompetenzen und Erfahrungen mit. Einerseits ist er als Diplom-Politologe erfolgreicher Geschäftsführer mehrerer national und international agierender Medienunternehmen sowie Lehrender für Medienpolitik an der Hochschule für Film und Fernsehen (HFF) „Konrad Wolf" in Potsdam-Babelsberg und war langjähriges Mitglied des schleswig-holsteinischen Landtags. Er ist so in Theorie und Praxis eines erfolgreichen Networkings außerhalb der digitalen Welt ausgewiesen und kann zentrale Fragen beantworten:

- Wie baut man ein informelles Netzwerk auf? Wie erreicht man, dass dieses Netzwerk privilegiert und innovativ ist?
- Wie bringt man seine Persönlichkeitsmerkmale ein? Wie positioniert man sich? Welche Rolle spielt beim erfolgreichen Netzwerken die Authentizität?
- Wie pflegt man Kontakte und Beziehungen? Wie setze ich meinen Körper im Gespräch ein, was muss ich über Atmung, Mimik, Gestik und Rhetorik wissen? Was verrät uns die Körpersprache des Gegenübers?

Der Autor hat diese Inhalte bereits in zahlreichen Seminaren vermittelt und schafft elegant den Spagat zwischen wissenschaftlicher Fundierung und praxisnaher Vermittlung von Erkenntnissen.

Andererseits ist der Autor aber auch ein Kenner der digitalen sozialen Netzwerke und der Möglichkeiten, die diese bieten, sich selbst, ein Unternehmen oder eine Organisation zu vermarkten. Er hat als erfolgreicher Gründungsunterstützer und -forscher im Bereich der Kreativwirtschaft zahlreiche Unternehmensgründungen zu diesem Zweck auf den Weg gebracht. Er ist Vorsitzender des Brandenburgischen Instituts für Existenzgründung und Mittelstandsförderung (BIEM) e. V., dem Verbund aller Lehrstühle für Innovations- und Gründungsmanagement und der Gründungszentren an den neun staatlichen Hochschulen und Universitäten des Landes Brandenburg. Dort zeichnet er auch verantwortlich für die Weiterbildung von Gründern und Gründungsunterstützern im Bereich Social Media Marketing.

Seit 2010 ist er Leiter des BMBF-Projekts „Climate Media Factory", das gemeinsam von der HFF und dem Potsdam-Institut für Klimafolgenforschung (PIK) durchgeführt wird, um neue Medienformate für die Kommunikation klimawissenschaftlicher Erkenntnisse zu entwickeln. Dieses Projekt hat bereits mehrere renommierte Preise für seine Kampagnen erhalten, etwa im September 2012 den Umweltpreis „Clean Tech Media Award" in der Kategorie Kommunikation.

All dieses Wissen zum Thema Netzwerken innerhalb und außerhalb der digitalen Welt hat Prof. Müller nun in dieses Buch überführt, das unter dem Titel „Erfolgreich denken und arbeiten in Netzwerken" die diskutierte Lücke schließt und die genannten Fragen beantwortet.

Der Leser wird in die spannende Welt des Netzwerkens entführt und es werden ihm wissenschaftlich fundierte Ratschläge zum erfolgreichen Netzwerken gegeben. Der Autor gibt diese Ratschläge in einer anspruchs-, aber humorvollen Art und Weise, genau so, wie er dies auch in einer kleinen Runde im Seminar bei Fortbildung oder Qualifizierung machen würde. Wer ihn und diese erfolgreichen Seminare besucht hat – wie ich das Vergnügen hatte – weiß dies zu schätzen. Die Zeit vergeht im Flug, gleichzeitig ist der Lernfortschritt aber enorm.

Dem spannend und lehrreich geschriebenen Buch zu diesem wichtigen Thema ist eine weite Verbreitung zu wünschen. Ich wünsche dem Leser viel Spaß dabei.

Cottbus, im März 2013   Prof. Dr. Daniel Baier
Lehrstuhl für Marketing und
Innovationsmanagement,
Brandenburgische Technische
Universität Cottbus

Vorwort Rupert Graf Strachwitz[1]

„Was ist ein Elefant?", Diese Frage wird in einer englischen Satire internationalen Autoren als Thema gestellt. Und so kommen denn auch unterschiedliche Antworten: „Der Elefant und wie man ihn erlegt", schreibt der Engländer, „Der Elefant und Kants kategorischer Imperativ" der Deutsche, „Der Elefant und die polnische Frage" der Pole, „Der Elefant und sein Beitrag zur Vervollkommnung der französischen Sprache" der Franzose.

An diese Geschichte werde ich bei der Befassung mit Netzwerken erinnert. Je nach Standpunkt und Herkommen bekommen wir auch auf die Frage, was ein Netzwerk ist, so verschiedene Antworten, dass es schwer fällt zu glauben, es ginge um den gleichen Gegenstand. Während für die einen das Leben, Arbeiten und Denken in Netzwerken den Inbegriff des Alternativen und zugleich Modernen darstellt, sind diese für andere der Weg, traditionelle elitäre oder schichtspezifische Lebensformen zu bewahren. Dies wiederum löst bei Kritikern den Generalverdacht aus, Netzwerke seien nichts weiter als geschlossene, Außenstehenden nicht zugängliche und von diesen auch nicht einsehbare Seilschaften, deren Ziel es sei, sich gegenseitig dabei zu helfen, einflussreiche oder gut dotierte Positionen zu erlangen oder gemeinsame Interessen durchzusetzen. Wer in einem Internat war, einer Vereinigung wie Rotary oder Lions oder auch nur einem Tennisclub angehört, ist dadurch angeblich Teil eines solchen uneinsehbaren Netzwerks, das die Chancengleichheit oder die demokratischen Entscheidungsprozesse unterläuft. Und in der Tat: der Geograph Colin Beyer hat an Hand einer Studie zu solchen Netzwerken in der Stadt Wuppertal gezeigt, dass die städtischen Stiftungs-, Entscheidungs-, Wirtschafts- und Meinungsführereliten durch solche Netzwerke eng miteinander

---

[1]Der Politikwissenschaftler Dr. Rupert Graf Strachwitz leitet das Maecenata Institut für Philanthropie und zivilgesellschaft an der Humboldt Universität zu Berlin.

verflochten sind[2]. Dass auch die Träger von Namen, die eine Zugehörigkeit zum historischen, vor fast 100 Jahren rechtlich beseitigten Adel erkennen lassen, allein dadurch als Mitglieder eines mehr oder minder einflußreichen Netzwerks angesehen werden, kann insofern nicht erstaunen. In Meersburg am Bodensee besteht andererseits seit dem 15. Jahrhundert die Vereinigung ‚Die Meersburger 101‘, deren sich selbst ergänzende, aus allen Teilen der städtischen Eliten zusammengesetzte Mitglieder, wie es ein Meersburger Bürger ausdrückte, die Stadtpolitik bestimmen.

Netzwerke dieser Art sind nicht nur ein Merkmal unserer Tage; sie bilden aber nicht unbedingt eine Gegenbewegung zu einer offenen Gesellschaft. Schon gar nicht sind sie Symptom einer Krise der Demokratie. Das sich seit dem 12. Jahrhundert bis weit nach Osteuropa ausbreitende Magdeburger Stadtrecht, ein frühes Beispiel einer städtischen Zivilgesetzordnung, führte dazu, dass Hunderte von Städten schon deswegen untereinander im Kontakt waren, weil sie sich bei der Interpretation gegenseitig halfen und im Zweifelsfall Jahrhunderte hindurch völlig freiwillig eine Magdeburger Schiedsinstanz anriefen. Bekannt ist auch die Hanse als städtisches Handelsnetzwerk mit weitreichendem Einfluss auf den europäischen Fernhandel.

Angesichts hochkomplexer und nicht immer sehr wirksamer staatlicher Gewalten waren solche Netzwerke eine Überlebensbedingung. Noch im späten 16. Jahrhundert konstruierte der oligarchisch über Malta herrschende Hospitalorden vom Hl. Johannes von Jerusalem, der sich dann bald Malteser-Orden nannte, seine neue Hauptstadt Valetta nach dem Sieg über die Türken als rechtwinkliges Gitternetz. Zwar wurden Kirche und Großmeisterpalais etwa in der Mitte angesiedelt, aber die einzelnen Häuserblocks folgten keiner Hierarchie, sondern waren durch das Straßennetz miteinander verbunden.

Das Gegenmodell ist in Versailles zu besichtigen. Der Sonnenkönig bildete in seiner monumentalen Schloss-, Park- und Stadtanlage sein Ordnungsverständnis ab. Von einem Mittelpunkt aus erstrecken sich Straßen, Parkwege und Sichtachsen strahlenförmig bis zum Horizont. „Alles ist auf mich zugeordnet!“ Diese Botschaft ist nicht zu übersehen. Frankreich ist über Jahrhunderte davon nicht mehr losgekommen. Ein Blick auf eine Karte der Eisenbahnen führt das überdeutlich vor Augen. Alles geht von Paris aus. In etwas kleinerem Maßstab lassen sich in Stein ausgedrückte Ordnungskonzepte zum Beispiel im strahlenförmig angelegten Karlsruhe und im Gitternetz der Stadt Mannheim finden. Mannheim allerdings gehorcht hierin bereits den Ideen der Aufklärung, die zwar das Ordnen aller Dinge durch den Menschen in den Vordergrund stellen, aber Hierarchien mit großer Skepsis gegenüberstehen.

---

[2] Colin Beyer, Das philanthropische Netzwerk und sein Stellenwert für die Stadtentwicklung. Berlin: Maecenata (Opusculum Nr. 56) 2012

Die folgenden zwei Jahrhunderte hatten wenig mit Netzwerken im Sinn. Von Napoleon bis zu den Diktatoren des 20. Jahrhunderts standen festgefügte, auf Führungspersönlichkeiten hin orientierte Systeme im Mittelpunkt von Bemühungen, Ordnungskonzepte durchzusetzen. Deutschland mit seinem fest verankerten Föderalismus hatte immerhin den Vorteil, dass in einem seit den 1830er Jahren einheitlichen Wirtschaftsraum zahlreiche politische Zentren bestanden. Das Eisenbahn-, später das Fernstraßennetz zeigen das deutlich: weder Schienen noch Straßen sind auf einen einheitlichen Mittelpunkt zugeordnet, was die Mobilität von Menschen und Gütern erheblich erleichterte und zur erstmaligen Prosperität Deutschlands im internationalen Vergleich nicht unwesentlich beitrug. Dass der Verlauf der Eisenbahnnetze besonders in Frankreich und Russland auch von den Militärstrategen bestimmt wurde, steht auf einem anderen Blatt[3]. Es ist aber auch nicht zu übersehen, dass die verbesserten Verkehrs- und Kommunikationsbedingungen zwischen den Hauptstädten Europas komplexe, aber auch volatile Bündnis- und Verflechtungssysteme in Gang brachten[4]. Nicht zuletzt die Europäische Union ist allen Unkenrufen zum Trotz ein Beispiel dafür, dass nicht sonderlich feste Ordnungsstrukturen ohne autoritativen Mittelpunkt Innovation eher ermöglichen als behindern. Und dass heute Netzwerke erneut Akzeptanz gewinnen, könnte durchaus als Ergebnis der Akzeptanzkrise überkommener Ordnungen, auch der tatsächlichen Ausprägung der „totalitären Demokratie" (Max Weber) interpretiert werden.

Eine Rolle bei der Beurteilung von Netzwerken spielte stets, ob und inwieweit unterschiedliche Menschen oder Gruppen dadurch miteinander in Kontakt kamen. Heterogenität wurde zu einem Merkmal eines innovativen Netzwerks[5], und Innovationsfähigkeit zum erkannten Vorteil von Netzwerken schlechthin. Die einheitliche Hierarchie wurde somit gerade aus ökonomischen Gründen gegen Ende des 20. Jahrhunderts von heterarchischen Ordnungskonzepten[6] abgelöst, wobei nicht zu übersehen ist, dass auch hierarchisch organisierte Netzwerke möglich sind und tatsächlich in der Praxis vorkommen. Sie sind jedoch untypisch und taugen insbesondere nicht zur Erklärung des Phänomens, dass sich im 21. Jahrhundert trotz aller demokratietheoretischen Kritik Netzwerke großer Beliebtheit erfreuen.

---

[3] Christopher Clark, The Sleepwalkers, How Europe Went to War in 1914. London: Allen Lane 2012, S. 352

[4] Ebd., passim

[5] Walter W. Powell/Stine Grodal, Networks of Innovators; in: Ian Fagersberg/David C. Mowery/Richard R. Nelson (ed.), The Oxford Handbook of Innovation. Oxford: Oxford University Press 2005, S. 56–85, S. 59

[6] Ebd., S. 60

Eine plausiblere Erklärung bietet beispielsweise der Physiker, Wissenschafts-
theoretiker und Friedensforscher Hans Peter Dürr mit dem Hinweis, von den
Naturwissenschaften könne man lernen, daß Netzwerke letztlich stabiler seien als
hierarchische Pyramiden, da eine Verwundung an einer Stelle eines sich ständig
verändernden amorphen Netzwerks nicht zum Einsturz des Systems führen, während ein starres System, an der „richtigen" Stelle angestochen, innerhalb kürzester
Zeit zum Einsturz gebracht werden kann, weil tendenziell weder hinreichende Re-
paraturmechanismen eingeübt sind, noch sich das System an die Verwundung
anpassen und entsprechend regenerieren kann[7]. Der rasche Zusammenbruch der
DDR in den Jahren 1989/1990 kann, zumindest teilweise, als Beleg für diese Theorie
dienen. Netzwerke verfügen demgemäß einerseits über etablierte Kommunikationskanäle, über die etwa ein nur aus autonomen Teilnehmern zusammengesetzter
Markt nicht verfügt, andererseits geht ihnen eine autoritative Zentrale ab, deren
plötzliches Fehlen oder Versagen zu sofortiger Kommunikationslosigkeit führt. „Es
gab keinen Befehl", so schilderte der Kommandeur der DDR-Grenztruppen, Gene-
raloberst Baumgarten, im Rückblick seinen persönlichen Notstand am 9. November
1989[8]. Und in der Tat, die Entscheidung, den Schlagbaum zu öffnen, musste ein
Oberstleutnant unter dem Druck der Wartenden am Grenzübergang allein fällen[9].

Wegen dieser klaren Indikatoren gegen starre Hierarchien und damit für die
Bedeutung von Netzwerken in politischen und wirtschaftlichen Zusammenhängen
wird heute das Netzwerk in erster Linie als Alternative zum Staat und Merkmal der
Zivilgesellschaft und der neu entstehenden Hybridzonen zwischen Zivilgesellschaft
und Markt einerseits und Zivilgesellschaft und Staat andererseits gesehen. Ein sehr
typisches Beispiel ist Linux, das nicht gewinnorientierte Verbrauchernetzwerk, das
mit einigem Erfolg eine Alternative zu der von Konzern Microsoft beherrschten
Computersoftware entwickelt hat[10]. Bis heute beruht Linux auf einer minimalisti-
schen Organisationsstruktur. Die Mitwirkenden kennen sich persönlich nicht oder
kaum und begründen ihre Mitwirkung mit einer Mischung aus Eigeninteresse, zu
dem auch Spaß am Thema gehört und einem Gemeinwohlinteresse, das sich in der
kostenfreien Nutzbarkeit durch jedermann manifestiert.

---

[7] Hans Peter Dürr, Das Ziel der Zivilgesellschaft; in: Rupert Graf Strachwitz (Hrsg.), Dritter
Sektor – Dritte Kraft, Versuch einer Standortbestimmung. Stuttgart: Raabe 1998, S. 583 ff.

[8] Klaus-Dieter Baumgarten, Erinnerungen, Autobiographie des Chefs der Grentruppen der
DDR. Berlin: Edition Ost 2008, S. 195

[9] Victoria Strachwitz, Interview Harald Jäger; in: Gabriele Muschter/Rupert Graf Strachwitz
(Hrsg.), Keine besonderen Vorkommnisse, Zeitzeugen berichten vom Mauerfall. Berlin:
Stapp 2009, S. 114 ff.

[10] Powell/Grodal, S. 73

Das Beispiel Linux weist jedoch auf ein weiteres Merkmal des modernen Netzwerks hin: Es wird gerade auch von dessen Mitgliedern ausdrücklich als Gegenbewegung zu als überholt angesehenen Strukturen und als Bereicherung des eigenen Lebensentwurfs gesehen. Sich als Beteiligter an einem oder mehreren Netzwerken zu sehen, heißt für viele, sich von wettbewerbsbestimmten ebenso wie von hierarchischen Strukturen bewusst abzusetzen. Das Konzept des die Durchsetzung des ‚Ich' über alles stellenden *homo oeconomicus*, der im Sinne von Hobbes der strengen Aufsicht durch eine machtvolle öffentliche Gewalt unterworfen werden muss, wird bewusst aufgegeben und macht einem kooperativen Zusammenspiel gleichrangiger Akteure Platz. Traditionell auch mit geographischer Nähe verbunden, wird diese heute nicht selten durch virtuelle Nähe substituiert[11].

Hier allerdings ist in der Beurteilung Vorsicht geboten. Missverständlich ist schon die Bezeichnung ‚*social network*' (Soziales Netzwerk), die im Grunde nur sehr allgemein ein gesellschaftliches Phänomen bezeichnet, aber durch die Doppelbedeutung des Wortes ‚Sozial' leicht eine normativ begrüßenswerte, ‚gute' Qualität annimmt. Und nicht überall, wo Netzwerk draufsteht, ist überhaupt in diesem Sinne Netzwerk drin. So kann manchen, sich selbst als Netzwerke bezeichnenden, sehr losen Verbindungen zwischen Menschen und Institutionen kaum ein echter Netzwerkcharakter zugeschrieben werden, da diese nicht über Knotenpunkte verfügen und daher nicht jenes Minimum an Kontinuität besitzen, das für das Funktionieren eines Netzwerks unerlässlich ist, oder weil die Teilnehmer nicht jene Verantwortlichkeit für ihr Netzwerk aufweisen, die erst deren Akzeptanz ermöglicht. Und wenn auch Netzwerke definitionsgemäß nicht mit den autoritativen Führungsstrukturen ausgestattet sind, die Institutionen eigen sind, so ist doch eine Governance-Struktur, die sich in einem Verfahren für den Eintritt, den Umgang mit den Partnern, die Einigung auf unabdingbare Verfahrensmodalitäten und den Austritt bezieht, erfolgsentscheidend[12]. Netzwerke können in der Tat dazu verführen, sich als Teilnehmer treiben zu lassen, weil Fehlverhalten kaum Sanktionen nach sich zieht. Nutzen bringen sie aber nur, wenn jeder Teilnehmer sich als Knotenpunkt begreift, sein ‚Ich' in dieser Struktur entwickelt und von daher das Netzwerk aktiviert. Das berühmte Diktum des Milliardärs George Soros, der mit erheblichen Mitteln ein gut funktionierendes Netzwerk von Einrichtungen zur Förderung zivilgesellschaftlicher Strukturen vor allem in Mittel- und Osteuropa errichtet hat, „*networking is not working*" (Netzwerken heißt, es funktioniert nicht), bezieht sich

---

[11] Nicholas A. Christakis/James H. Fowler, Connected! Die Macht sozialer Netzwerke und warum Glück ansteckend ist. Frankfurt am Main: Fischer 2010

[12] Alexander Freiherr v. Strachwitz, Erfolgskritische Governancestruktur in Netzwerken. Berlin: Maecenata (Opusculum Nr. 45) 2010

insoweit eher auf unechte Netzwerke als auf die, die er für die Entwicklung einer offenen Gesellschaft für unerläßlich hielt. Ein deutsches Beispiel eines solchen Netzwerks ist etwa das Bundesnetzwerk Bürgerschaftliches Engagement (BBE), das auf ganz und gar freiwilliger Basis zivilgesellschaftliche, wirtschaftliche und staatliche Akteure mit dem Ziel verbindet, den Gedanken, die Rahmenbedingungen und die Praxis des Engagements zu stärken. Anders als klassische Verbände vertritt das BBE keine institutionellen Interessen und hat hierzu auch kein Mandat seiner Mitglieder. Es muß und kann sich vielmehr neben der Vermittlung von Kontakten unter den Mitgliedern auf die Bündelung rein thematischer Interessen konzentrieren.

In den letzten Jahren sind besonders die IT-gestützten Netzwerke unbeschadet ihres überwiegend gewinnorientierten Charakters zu Katalysatoren der Zivilgesellschaft geworden. Die kommunikative Revolution der letzten 20 Jahre hat bewirkt, dass Bürgerinnen und Bürger mit einander in nie gekanntem Maße in Kontakt treten können. Schon das Telefon bedeutete diesbezüglich eine neue Qualität gegenüber der schriftlichen Korrespondenz. Aber während ich noch als 17-Jähriger in jedem Einzelfall die Genehmigung meines Vaters für ein Telefongespräch benötigte (die ebenso gut verweigert wie erteilt werden konnte), ist die ungehinderte Verbindungsaufnahme per E-Mail, SMS, Skype, Facebook, Twitter, Festnetz- oder Mobil-Telefon, Fax usw. heute zu einem so selbstverständlichen Teil des Lebens geworden, dass selbst kleine Kinder darüber gar nicht mehr nachdenken. Texte, Dialoge, feste und bewegliche Bilder gehen zeitidentisch um die Welt, ohne daß irgendeine Autorität dies steuern oder wirksam begrenzen könnte. Für die Zivilgesellschaft hat dies zur Folge, dass sich schneller als je zuvor, oft ganz und gar spontan, globale Netzwerke bilden lassen, die eine Regulierung des Eintritts durch die hoheitliche Gewalt oder andere Torwächter weder dulden noch erforderlich machen. Selbst aus Gesellschaftssystemen, die sich um größtmögliche Unterdrückung bemühen, wie dem Iran oder China, dringen über solche Netzwerke ungehindert und auch weitgehend nicht hinderbar Informationen nach außen und können weltweit von Sympathisanten aufgenommen und verarbeitet werden. Die deliberativen und advokatorischen Komponenten der Weltgesellschaft, die sich auf Netzwerke dieser Art stützen und ständig an Einfluss auf politische und wirtschaftliche Entscheidungen gewinnen, sind einerseits aus unserer Öffentlichkeit nicht mehr wegzudenken, andererseits ohne die heute verfügbaren technischen Kommunikationsnetzwerke auch nicht denkbar.

Von diesen Kommunikationsnetzwerken, dem Nutzen, den jedermann daraus ziehen kann, den Optionen, die sich dafür bieten, handelt dieses Buch. Klaus-Dieter Müller legt jedoch zu Recht Wert darauf, dem praktischen Ratgeber eine grundlegende Erörterung voranzustellen. Auch diese spiegelt die Perspektive des Medienexperten wider. Das verleiht den Ausführungen in der Flut der Publikationen zu diesem Thema ihren spezifischen Akzent. Viele Netzwerke haben ja auch Mediencharakter, und um diese geht es hier insbesondere. Dadurch wird die Kritik weder relativiert noch verdrängt. Transparenz, Heterogenität und die Anerkennung von Pluralität bleiben neben anderen als Beurteilungskriterien präsent. Netzwerke als undurchschaubare Geheimbünde sind ein anderes Thema, wobei paradoxerweise sowohl die Hinwendung zu Netzwerken ebenso als Inbegriff des sozialen Wandels gesehen wird wie die Skepsis gegenüber ihrem Einfluss. Der Vergleich mit der Elefantengeschichte ist insofern nicht aus der Luft gegriffen. Dazu, dies zu verstehen und Netzwerken daher weder von vornherein ablehnend noch allzu unkritisch gegenüberzutreten, kann dieses Buch nicht nur anregen, sondern auch ein Rüstzeug liefern.

Berlin, im März 2013   Dr. Rupert Graf Strachwitz
                                                        Leiter Maecenata Institut für
                                              Philanthropie und Zivilgesellschaft
                                               an der Humboldt Universität zu Berlin

Inhaltsverzeichnis

Einleitung

1

1.1 Worum geht es in diesem Buch?

Der Begriff *Netzwerk* ist aus unserer Gesellschaft kaum noch wegzudenken. Seine Bedeutungsbreite variiert zwischen „Beziehungen haben noch nie geschadet" bis hin zu einer Art „Governanceform", also einem Modell des Regierens. Wer eine Karriere plant oder etwas Neues entwickeln will, der ist im Vorteil, wenn er/sie gut *vernetzt* ist. Aber Netzwerke sind nicht nur eine gesellschaftliche Erscheinung und ein Phänomen der Umgangssprache, sie sind auch eine Erklärung der Welt.

Netzwerken, Netzwerkarbeit, *Networking*: Wir sprechen von einer besonderen Form von Beziehungsarbeit, die einer ganz eigenen Kompetenz bedarf. Der Umgang mit anderen Menschen kann als eine erlernbare Kulturtechnik begriffen werden, die gleichzeitig eine erhebliche Selbstreflexion voraussetzt. Soziale Beziehungsarbeit ist *Arbeit* – Netzwerkarbeit eben – wenn man ein bestimmtes Ziel verfolgen will. Dies hindert natürlich nicht, dass diese Beziehungsarbeit sehr viel Freude machen kann.

Es geht um eine Sicht auf die Welt, nämlich sich selbst als Teil eines Beziehungsgeflechts zu begreifen in einer Umgebung, die immer weniger *Sicherheit* zu bieten scheint. Die Menschen haben schon immer einander gesucht, allerdings getrennt durch räumliche Entfernung, Stand, Klasse oder Status. All dieses scheint sich jetzt aufzulösen. Der Begriff des Netzes ist in unser Leben getreten – er suggeriert Hierarchiefreiheit, Gleichberechtigung und Emanzipation; und doch ist er verbunden mit dem elementaren Vorverständnis, dass man mit einem Netz etwas fängt. Was fängt man mit diesem Netz? Man fängt *Menschen*! Und wie jeder Fischer auch, muss man den Beruf erlernen. Und wie in jedem Beruf ändern sich die Fertigkeiten, weil der tätige Mensch sich seine Umgebung veränderlich aneignet. In diesem Sinne ist Networking eine Kulturtechnik mit einer enormen Breite, die vom ersten Blickkontakt bis zu einer engen Kooperation von Unternehmen reicht.

K.-D. Müller, *Erfolgreich Denken und Arbeiten in Netzwerken*,
DOI 10.1007/978-3-658-02108-5_1, © Springer Fachmedien Wiesbaden 2013

Das Denken und Arbeiten in Netzen hat es immer schon gegeben, es hat jedoch in den letzten Jahrzehnten eine andere gesellschaftliche Wahrnehmung und
Bedeutung erfahren und ist zu einer Kulturtechnik der Moderne geworden.[1]
Vieles spricht dafür, dass im 21. Jahrhundert diese Kulturtechnik noch weiter
an Bedeutung zunehmen wird. Dies hat zu tun mit der um sich greifenden Projektarbeit, mit Planungsunsicherheit, mit der Auflösung traditioneller Bezugsgruppen,
mit der wachsenden Bedeutung des *Selbst* in der Gesellschaft und der Funktion
von (sozialen) Netzen für etwas, was die Soziologen die *Konstruktion von Identität*
nennen.

Die Metapher des Netzes hat als bildhafter Ausdruck in fast alle gesellschaftlichen Bereiche Einzug gehalten und wird unter vielzähligen Aspekten untersucht.
In einer ersten Annäherung kann man wohl folgende Fragen unterscheiden:

a) Wie werde ich Teil eines Netzes und nutze es für meine eigenen Ziele? – Diese
   Frage umschreibt das klassische Networking.
b) Kann man ein Netz steuern und/oder politisch instrumentalisieren? Die
   Politologen sprechen dann von einer *Governmentform*. Gründungsförderungsnetzwerke sind zum Beispiel der Versuch, Wirtschaftspolitik mit Netzen zu
   betreiben.

Der Schwerpunkt dieses Buches liegt auf der ersten Frage, aber ich werde auf die
außerordentlich interessante Einrichtung von Gründungsnetzwerken weiter unten ebenfalls eingehen. Sie zielen ähnlich wie Unternehmensnetzwerke darauf ab,
eine kollektive Effizienzsteigerung zu erzielen und damit die individuelle Wettbe-
werbssituation zu verbessern. Der Netzwerkgedanke ist also auch in der Ökonomie
angekommen. Als Leiter des Gründungszentrums an einer Kunsthochschule, *Media Exist* an der HFF Hochschule für Film und Fernsehen Potsdam-Babelsberg,
habe ich in den letzten sechs Jahren unzählige Gründungsprojekte aus der Medien-
und Kreativwirtschaft an den Markt begleitet und Freiberufler/innen, kreative Un-
ternehmer/innen und Manager/innen vor allem in Fragen zu Markt und Marketing
gecoacht. Diese Erfahrungen sollen in Bezug auf das Denken und Arbeiten in
Netzwerken durch dieses Buch für die Leser/innen nutzbar gemacht werden.

Die inzwischen beinahe unübersehbare Literatur zum Thema Netzwerke und
Networking lässt sich grob in zwei Gruppen einteilen: Auf der einen Seite stehen
die soziologischen, gelegentlich auch ökonomischen oder betriebswirtschaftlichen
Arbeiten, die über den Wesenskern von Netzen nachdenken, diesen in gedankliche

---

[1] Jürgen Barkhoff/Hartmut Böhme/Jeanne Riou (Hrsg.): Netzwerke. Eine Kulturtechnik der
Moderne. Köln/Weimar/Wien 2004 (Böhlau).

Modelle zu fassen versuchen, in die Geistesgeschichte einordnen und auf das Funktionieren der Gesellschaft beziehen. Der Begriff des Netzes ist eigentlich etwas recht Alltägliches – und doch scheint er eine große philosophische Herausforderung zu beinhalten. Auf der anderen Seite stehen die Autorinnen und Autoren der Ratgeberliteratur. Sie nähern sich dem Gegenstand pragmatisch und außerordentlich nutzenorientiert an: Zentrales Thema ist der Nutzen von sozialen Netzen für die Karriere und gelegentlich auch für das private Glück. Es ist absolut auffallend, dass der Begriff des Nutzens in der soziologischen und verwandten Literatur faktisch keine Rolle spielt. Auf der Suche nach dem erkenntnistheoretischen Kern des Phänomens geht dieses doch sehr menschliche Moment irgendwie verloren.

Networking bedeutet auf Deutsch Netzwerkarbeit, also eine Tätigkeitsform handelnder Menschen, die ähnliche Interessen, Ziele und Bedürfnisse haben. Netzwerkarbeit ist darum von vorneherein handlungsorientiert, d. h. es ist zu sprechen von konkret existierenden Menschen und nicht allein von abstrakten Strukturen. Zunächst einmal ist ein Netz als Struktur sowieso schwer zu beschreiben. Außerdem ist ein Netz *nicht einfach da*, sondern es entsteht und verändert sich. Soziale Netze sind darum eine Herausforderung an den (zielorientiert) handelnden Menschen.

Wir wollen uns fragen, warum das Netz zur prägenden Metapher unserer Epoche werden konnte. Dies ist darum sinnvoll, weil es sich von anderen Formen der „Vergesellschaftung des Menschen" unterscheidet und auch *soziale Werte* transportiert. So ist zu unterscheiden zwischen kommerziellen und/oder nützlichen *Kontakten* und verstehenden *Beziehungen*, die beide auf Netzwerkarbeit beruhen.

Es soll herausgearbeitet werden, dass Networking ein Teil der Kulturgeschichte ist und immer stärker ein tragender Bestandteil unserer Zivilisation. Hier hat die Soziologie Erhebliches geleistet, aber doch scheint sich diese Disziplin zu verstricken in abstrakte Denkmodelle der Wesensbestimmung eines Netzwerkes. Die soziologische Betrachtungsweise allein ist nicht ausreichend, um über Networking zu sprechen. Deswegen ziehe ich auch die Sicht der Ökonomie hinzu, weil dies auch vorbereitet auf die Befassung mit Gründungsnetzwerken und die Beschäftigung mit dem wichtigen Umstand, dass Networking eine nutzenorientierte Tätigkeit ist.

Networking – das zentrale Thema dieses Buches – hat viele Aspekte. Natürlich kann man strategisch vorgehen; aber wesentlich scheint mir die *menschliche* Dimension zu sein, die Bedeutung von Persönlichkeitstypen für Netzwerkinstrumente, Werte und Ziele einer Arbeit in Netzwerken und vor allem der Aufbau einer verstehenden, auf Vertrauen aufbauenden Beziehung. Um sein Gegenüber zu verstehen, muss man nicht nur reden und zuhören, sondern auch die Körpersprache aufnehmen. Es handelt sich also um einen ganzheitlichen Ansatz, welchen ich den Leserinnen und Lesern vermitteln möchte.

Der menschlichen Dimension von Networking nachzuspüren, bedeutet, nach dem Wesen des Menschen zu fragen. Hier ist der Begriff des *Selbst* in den gesellschaftlichen Diskurs eingewandert. In der einschlägigen Literatur spricht man vom „unternehmerischen Selbst", vom „flexibilisierten Selbst" oder auch vom „überforderten Selbst". Zu wissen wer ich bin, was ich möchte und was ich kann, ist die Voraussetzung dafür, mit einem Netz zurechtzukommen, was ja eine sehr unbestimmte Struktur ist. Ein Kapitel entwickelt darum die These, dass der Ausgangspunkt für gutes Networking das Selbst ist.

In einem dritten Teil werde ich die strategisch-planerischen und die persönlichen Voraussetzungen und Grundlagen der Netzwerkarbeit beschreiben. Dieser Abschnitt soll fit machen für die Praxis. Die wichtigsten Regeln werden vermittelt. Im vierten Teil geht es um die Frage, ob und wie man vor allem Methoden und Techniken des Networkings lernen kann und welche Angebote es gibt. Sodann werde ich die wichtigsten Ergebnisse zur Diskussion stellen.

Mein eigenes Leben ist sehr stark geprägt von Netzwerken. Ich bin als Medienunternehmer, Berufspolitiker, Hochschullehrer, Coach und bildender Künstler in 40 aktiven Jahren sehr vielen Persönlichkeiten begegnet und konnte so intimen Einblick in spannende Netzwerke gewinnen. Ich versuche abschließend, in einem kleinen autobiografischen Teil einen persönlichen Einblick zu gewähren in das Leben eines Netzwerkers, das gerade wegen dieser Netzwerke und der sich daraus ergebenden Möglichkeiten so viel Freude gemacht hat. Es ist der Versuch, eigene Erfahrungen für meine Leserinnen und Leser nutzbar zu machen.

Der Begriff Netzwerk ist allgegenwärtig. Dabei ist diese Metapher keinesfalls schon immer da gewesen; im Gegenteil muss erklärt werden, wie eine derartige Konjunktur des Begriffes möglich wurde und was sich dahinter wesensmäßig verbirgt.

Für das heutige Computerzeitalter ist offensichtlich, dass (telekommunikative) Netzwerkmodelle einen wesenserklärenden (epistemischen) Status für nahezu alle sozialen, kulturellen und wissenschaftlichen Praktiken gewonnen haben. Das war aber nicht immer so. Um 1800 war die *Zirkulation von Strömen* die Leitmetapher in Gesellschaft und Wissenschaft. Beispiele hierfür waren die Elektrizitätslehre oder die Theorie magnetischer Fluida oder auch therapeutischer Ströme im Zusammenhang mit dem Mesmerismus (Mesmerismus handelt von einer dem Elektromagnetismus analogen Kraft des Menschen, von Suggestion, gilt als Vorläufer der Hypnose). Das 19. Jahrhundert gebar die Netze, ohne dass man sie als solche benannte. Die Vorläufer reichen zurück bis auf das 1835 von Friedrich List konzipierte deutsche Schienensystem, die Fernsprechtechnik Ende des 19. Jahrhunderts und die Planungstechnik für Wasser, Kanalisation, Gas und Strom. Außerordentlich bedeutsam war der Paradigmen-Wechsel von der Physik zur Biologie und von der Soziologie zur Informatik, welcher die informationellen Steuerungs-, Kontroll- und Kommunikationsnetze der Gesellschaft in den Mittelpunkt der wissenschaftlichen Aufmerksamkeit rückten.[1]

Die Karriere des Netzwerkkonzepts ist schwer zu beschreiben. Das Netz ist zu einem *absoluten Begriff* geworden, weil irgendwann in der ersten Hälfte

---

[1] Jürgen Barkhoff/Hartmut Böhme/Jeanne Riou: Vorwort. In: Dies. (Hrsg.): Netzwerke. Eine Kulturtechnik der Moderne. 2004 (Böhlau) S. 7–16, S. 9.

K.-D. Müller, *Erfolgreich Denken und Arbeiten in Netzwerken,*
DOI 10.1007/978-3-658-02108-5_2, © Springer Fachmedien Wiesbaden 2013

des 20. Jahrhunderts das technische Verständnis und das soziale Verständnis zusammenwuchsen und ein *geschlossenes theoretisches Feld* erzeugten.[2]

Es stehen sich zwei Thesen gegenüber. Die eine These, vertreten auch in diesem Buch, behauptet den Neuartigkeitscharakter von Netzen in der Geschichte und damit die Veränderlichkeit des Zusammenlebens der Menschen. Die eingetretenen Veränderungen werden mit Begriffen bezeichnet. Ein solcher Begriff ist das Netz.

Die andere These behauptet, dass Netze schon immer existiert haben, wenn auch der Begriff fehlte. Es werden verschiedene Beispiele angeführt: Der Fernhandel des Mittelalters, Personal- und Kapitalverflechtungen in Großunternehmen des frühen 20. Jahrhunderts und die Strukturen der Maschinenbauindustrie im Deutschland des 19. Jahrhunderts.[3] Als weitere Beispiele werden genannt das als Zwischenmeister- oder Stückmeistersystem bekannte Prinzip interner Kontrakte zwischen einem Unternehmer (er stellt die Produktionsmittel bereit) und einem Zwischenmeister (dieser stellt die Arbeitskräfte) der Frühen Neuzeit; das Verlagssystem, bei welchem ein Verleger rechtlich selbstständige, auf Teilfunktionen spezialisierte Menschen koordiniert. Erst im Zuge der weiteren Verbreitung des Fabriksystems setzte sich die direkte hierarchische Kontrolle gegenüber derartigen Formen von Subunternehmerschaft durch.[4]

Niemand bestreitet frühe Formen der funktionalen Differenzierung. Aber sie waren nicht dominant, nicht reflektiert, und den Zeitgenossen fehlte der Begriff zur Benennung dieses Beziehungsphänomens.

Wenn man das entsprechende Wortfeld dieses „absoluten Begriffs" betrachtet, wird einem die Komplexität, ja Grenzenlosigkeit des Begriffes überhaupt erst klar.[5]

Spinnennetz, Verkehrsnetz. Netzflügler. Versorgungsnetz. Haarnetz. Netzwerk. Wegenetz. Netzstrümpfe. Wissensnetz. Fischernetz. Internet. Tarnnetz. Schienennetz. Beziehungsnetz. Warennetz. Soziales Netz. Trinkwassernetz. Netzgewölbe. Netzkünstler. Schmetterlingsnetz. Netzplantechnik. Sicherheitsnetz. Gedankennetz. Netzarchitektur. Netzfahndung. Nachbarschaftsnetz. Netzsperre (Militär). Netzschlange (Python). Energienetz. Netzmagen. Netzkarte. Netzwerkauftritt. Fang-

---

[2] Ehrhard Schüttpelz: Ein absoluter Begriff. Zur Genealogie und Karriere des Netzwerkkonzepts. In: Stefan Kaufmann (Hrsg.): Vernetzte Steuerung. Zürich 2007 (Chronos), S. 25–46.

[3] Hartmut Berghoff/Jörg Sydow (Hrsg.): Unternehmerische Netzwerke. Eine historische Organisationsform mit Zukunft? Stuttgart 2007 (Kohlhammer).

[4] Siehe hierzu Kap. 7 „Alles neu? Historische Vorläufer der Netzwerkform" im Buch von Jörg Sydow und Stephan Duschek: Management interorganisationaler Beziehungen. Netzwerke – Cluster – Allianzen. Stuttgart 2011 (Kohlhammer), S. 120–131.

[5] Nach Hartmut Böhme: Einführung. Netzwerke. Zu Theorie und Geschichte einer Konstruktion. In: Barkhoff/Böhme/Riou (Hrsg.) 2004, a. a. O., S. 17–36, S. 17.

netz. Kanalisationsnetz. Straßennetz. Telefonnetz. Tankstellennetz. Netzarbeit.
Gepäcknetz. Verteilernetz.
Netz. Vernetzung. Knoten, Maschen. Verbindungen. Verbund. Geflecht. Gespinst.
Gitter. Verflechtung. Verknüpfung. Schlinge. System.
Kunststücke ohne Netz. Durch die Maschen/Schlingen gehen. Vernetzen. Im Netz
fangen. Im Netz gefangen. Im Netz verloren. Im Netz surfen. Benetzen. Der Polizei ins
Netz gehen. Sich im Netz der Lügen verstricken. Seine Netze überall auswerfen. Ans
Netz gehen (Tennis), Durch die Maschen des Gesetzes schlüpfen. Neueste Masche.
Laufmasche. Verknüpfen. Verzweigen. Vom Schweiß benetzt. Ein Wagnis ohne Netz
eingehen.

Ich selbst definiere Netzwerken (Networking), mit dem wir uns in diesem Buch
auseinandersetzen wollen, wie folgt:

> Netzwerken ist freiwillige Beziehungsarbeit mit Menschen vergleichbarer oder sich
> ergänzender Interessen. Sie ist gekennzeichnet durch den vertrauensvollen Austausch
> von Informationen, Kontakten und Wissen. Sie bringt Freude, schafft Bindungen und
> dient dem gegenseitigen Nutzen in finanzieller und ideeller Weise gleichermaßen
> und soll persönliche Entwicklungen, Erfolg, Sicherheitsempfinden und Glück aller
> Beteiligten fördern.

2.1 Bedeutung und Nutzen von Netzen

In der Entwicklung der Gesellschaft haben sich zuerst *Gemeinschaften* herausgebildet: Jagdgemeinschaften, Dorfgemeinschaften, Handwerkergemeinschaften,
Ordensgemeinschaften usw. Mitglied einer solchen Gemeinschaft wurde man
durch Beitritt oder Geburt, und man verließ sie durch formellen Austritt oder
Tod. Eine Gemeinschaft basiert auf gemeinsamen Werten und Normen wie Solidarität, Hilfe in der Not oder Gottesglaube. Der Gemeinschaft wohnt ein Moment
der *Abgrenzung* inne: Ich gehöre dazu, der „Zugereiste" eben nicht.

Nach den Gemeinschaften entstanden in der Gesellschaft *Institutionen*: Gerichte, Parlamente, Kammern, Universitäten usw. Institutionen folgen eigenen
rechtlich normierten Regeln und festgelegten Verfahren.

Die Bedeutung von Netzen im Wandel Als Folge der Modernisierung verloren
Gemeinschaften an Bedeutung, um die Gesellschaft zu organisieren. Gesellschaftliche Modernisierung bedeutet unter anderem Individualisierung und eine
nachlassende Bindungswirkung von Werten für die Bildung von Gruppen: Gemeinschaften eben. Institutionen sind aber auch nicht ausreichend für den
Zusammenhalt einer Gesellschaft, weil der Bürger häufig gar nichts mit ihnen zu

tun hat. Was also tun, um die Gesellschaft zu verstehen? Was hält unsere Gesellschaft zusammen? In diesem Moment der geistigen Hilflosigkeit wurden die ersten Computer erfunden, die Kybernetik trat auf den Plan, die Systemtheorie gewann an Bedeutung, und überhaupt wurde die Macht der Kommunikation erkannt.

1963 schrieb Karl W. Deutsch sein Buch *The Nerves of Government* (Übersetzung: Politische Kybernetik). Das Netz wurde ein gedanklicher Rettungsanker zur Erklärung der Welt. Eine neue Qualität bekam diese Entwicklung durch die Erfindung des Internets. Jetzt spricht man von der *virtuellen Realität* und so genannte Internet-basierte *soziale Netze* verunsichern die Generation, die im vordigitalen Deutschland groß geworden ist, die „digital immigrants". Die Existenz der Piratenpartei scheint auch darauf hin zu deuten, dass im Internet etwas passiert, was unser bisheriges Denken über das Funktionieren von *Macht* betrifft.

Die Rede von Netzen hat auch mit der geistigen Entwicklung der Zeit zu tun. Die anhaltende Konjunktur des Begriffes hat als Hintergrund, dass in unserer modernen Gesellschaft immer mehr Gewissheiten verloren gehen. Der Glaube an Gott verliert an Bedeutung; die ideologischen Blöcke existieren nicht mehr; jede Gesellschaftstheorie ist so gut wie jede andere auch; die Parteien unterscheiden sich nicht mehr; Kriege beginnen nicht mehr mit einer Kriegserklärung oder einem Überfall und enden mit einem Sieg; Soldaten sind keine Kämpfer mehr, sondern sollen „Sozialarbeiter-Polizisten" sein; die Geschlechterrollen lösen sich auf, und die sexuellen Orientierungen sind vielfältig. Die Soziologen erkennen die Individualisierung als Megatrend der Gesellschaft; die funktionale Differenzierung nimmt zu. Alles löst sich irgendwie auf – die Dinge können so sein, aber auch anders. Ich bin hineingeworfen in diese Welt und muss sehen, wie ich in ihr zurechtkomme; stabilisierende Gerüste der Erkenntnis oder der Hilfe zum Handeln gibt es immer weniger. Die Theoretiker nennen dies *Kontingenz*; eine Situation ist kontingent, wenn man sie nicht recht greifen kann, und solche Situationen scheint es immer häufiger zu geben. Der Begriff des Netzes, das ist mein Argument, scheint das gedankliche Gegenmodell zu Gewissheiten, Blöcken und Zusammenhalt zu sein.

Vom Nutzen des Netzwerkens Es ist ein zunächst banal erscheinender Begriff, mit dem ich mich nun beschäftigen möchte. Im weiten Feld der Netzwerktheorie ist er erstaunlich wenig präsent. In der Wirtschaftstheorie ist der *Nutzen* neben den Kosten die grundlegende Kategorie jedes wirtschaftlichen Kalküls. Aber kann der Umgang mit Menschen unter Nutzengesichtspunkten betrachtet werden? Natürlich nicht, wenn man unter Nutzen den Konsum eines Gutes versteht. Der Wert, den ein Konsument einem Gut beimisst, bestimmt dann den Höchstbetrag der Gegenleistung, die er als Nachfrager für das Gut zu erbringen bereit ist.

Doch niemand bestreitet den Nutzen von Netzen, im Gegenteil ist er der Gegenstand unzähliger Beratungsliteratur. Aber worin besteht eigentlich der Nutzen von Netzen bzw. des Networkings? Warum sollen wir unser Handeln so verändern, dass man von Netzwerkarbeit sprechen kann? Soll ich die Dinge nicht einfach laufen lassen?

Jedes Handeln beruht in der Regel auf einem sinnvollen Grund. Ein solcher Grund muss nicht nur der wirtschaftliche Erfolg sein, sondern kann auch zum Beispiel uneigennützige Hilfsbereitschaft oder Freundschaft sein. Weil Networking die Beziehungsarbeit mit Menschen bedeutet, sind immer zwei Aspekte involviert, nämlich mein eigener Nutzen bzw. der Nutzen aller und die reine Freude am Gegenüber. Vertrauen spielt beim Networking eine zentrale Rolle, aber Vertrauen erwirbt sich nicht, wer den anderen nur übervorteilen will. Darum möchte ich an dieser Stelle den Begriff Nutzen erläutern und problematisieren. Ich möchte am Ende zu einem abwägenden Urteil kommen, ob Netze nur die Wirtschaftsordnung beflügeln oder der Einzelne sich als Mensch in ihnen wieder findet.

Ganz ohne Zweifel ist in der Beratungsliteratur das Denken in Begriffen wie Erfolg, Karriere, Aufträge, Jobs usw. dominant. Soziale Beziehungen sollen allen diesen Dingen dienen. Seit Max Weber nennt man eine solche Herangehensweise *zweckrationales Handeln*, wenn also der Einzelne oder eine Gruppe seine/ihre Interessen durchsetzen will. Dieses Handeln ist *erfolgsorientiert* und auf den eigenen Vorteil ausgerichtet. Aber ich möchte argumentieren, dass gerade beim Networking der Erfolg auch im *Potenzial* einer Beziehung liegt und nicht nur im unmittelbaren, zeitnahen Ergebnis eines Geschäftsabschlusses, dem dann kein weiterer folgt.

Denn neben dem zweckrationalen gibt es auch das *wertrationale* Handeln, welches nur auf den ersten Blick erfolgsunabhängig motiviert ist. Wenn ich einem Freund helfe, erwarte ich keine Gegenleistung. Auch Nächstenliebe zielt nicht auf Belohnung oder Gewinn. Und das soziale Kapital in einer Gesellschaft (einem Netz) kommt nicht immer dem Einzelnen sofort und ausschließlich zugute. Werte wie Vertrauen, Ehrlichkeit, Hilfsbereitschaft, Solidarität, Zuverlässigkeit verschieben nämlich den Erfolg vom Hier und Jetzt in die Ferne und die Zukunft des Handelns. Die Zweckrationalität wird nicht ausgesetzt, aber die zweckrationale Erfolgsorientierung wird gleichsam auf einen breiteren sozialen und zeitlichen Rahmen gespannt.[6]

Networking enthält also ganz ausdrücklich eine Wertrationalität, die nicht im Widerspruch zur Zweckrationalität steht; die Wertrationalität stellt die Zweckrationalität allerdings auf unterschiedliche Entfernungen ein. Karriere, Jobs und

---

[6] Heiner Meulemann: Soziologie von Anfang an. Wiesbaden (2)2006 (Verlag für Sozialwissenschaften). S. 65 f.

Geschäftsabschlüsse bleiben als Ziele in Sichtweite. Und diese Ziele sind es auch, die in der Regel die hauptsächliche Rolle spielen. Man erhält den ersten Job durch persönliche Kontakte; häufige Arbeitswechsel lassen sich eher bewältigen, wenn man über ein Netzwerk verfügt. Dieses verschafft einen Informationsvorsprung gegenüber Wettbewerbern und steigert die Karrierechancen erheblich. Netzwerke ermöglichen verschiedene Formen von Kooperation. Aber sie dienen auch der gegenseitigen Unterstützung, sei es finanziell, logistisch oder moralisch. Networking hat aber auch sehr viel mit dem Austausch von Informationen, Erfahrungen und Wissen zu tun. Wer früher und mehr Informationen als andere hat, der ist *gut vernetzt*. In einigen Bereichen, wie dem des Journalismus, ist dies natürlich besonders wichtig. Aber auch der Umstand, dass man sich mit jemandem über die Qualität einer Information austauschen kann, gehört zum Beziehungserlebnis. Eine besondere Form des Wissensaustausches sind Empfehlungen; Friseurgeschäfte, Zahnarztpraxen oder Restaurants usw. leben häufig davon.

Die meisten beruflichen Positionen in dieser Gesellschaft brauchen allerdings überhaupt keine Netzwerkarbeit. Man ist saturiert, weisungsgebunden, oder hat nur einen engen Verantwortungsbereich. Networking ist ein Denken für Menschen, die *Veränderung* anstreben, also etwas für Unternehmer oder Arbeits*suchende*. In Frage kommen auch Tätigkeiten, welche Kommunikation zum Inhalt haben, wie Journalisten oder politiknahe Berufe. Hier greift dann der Begriff des Nutzens. Wo Networking nicht als notwendiger Teil der Erwerbsarbeit betrieben wird, handelt es sich um soziale Netze im engeren Sinne. Wir sprechen hier eher vom Freundeskreis. Coaching-Maßnahmen, die den Aufbau eines Freundeskreises zum Ziel haben, zum Beispiel im Bereich der Altenhilfe, sind eine Form von *Sozialarbeit*.

2.2 Kontakt und Beziehung in Netzen

Mir scheint die Unterscheidung von *Beziehung* und *Kontakt* wesentlich zu sein, um den Charakter von Netzen zu bestimmen. Kontakt ist derjenige Begriff, welcher einer technischen Vermittlung angemessen ist. In der Elektrotechnik meint der Begriff die Verbindung elektrisch leitender Teile. Bei XING wird der Kontakt zwischen Personen hergestellt auf Basis von Datenbanken und Kriterien. Man spricht auch von *kategorialen Kontakten*, wenn die Partner sich wechselseitig nur oder vornehmlich als Merkmalsträger wahrnehmen. Ein Netz kann dann auch als *Kontaktsystem* bezeichnet werden, weil es die Interaktion von ansonsten getrennten Bereichen erlaubt. Kontakt entspricht nicht nur einer technischen Vermittlung, sondern ist auch ein Begriff des Marktgeschehens. Ebay erlaubt Kontakte zwischen Anbietern und Kunden, aber keine menschlichen Beziehungen. Und der entsprechende Ort an der Reeperbahn heißt ja auch nicht „Hof der Beziehungen" sondern Kontakthof.

Dieses von mir vorgeschlagene mechanistische oder marktorientierte Verständnis von Kontakt unterscheidet sich von der Psychologie, bei welcher ein Kontakt ein Grundphänomen der Verständigung und ein unerlässlicher Bestandteil einer normalen Individualentwicklung ist. Kontakt-Fähigkeit besteht darin, anderen Menschen mit angemessener Offenheit und Achtung zu begegnen und ihr Verhalten situationsgerecht zu interpretieren. Genau dieses leisten computergestützte Netze nicht. Wir erkennen eine Bedeutungsverschiebung von der Psychologie zur Technik, und genau darum geht es. Ein solcher Kontakt ist die Voraussetzung einer Beziehung, aber nicht mit dieser zu verwechseln. Computergestützte Netze sind hierfür die perfekt geeignete Form. Sie haben einen hohen Nutzen für die anschließende inhaltliche Phase der Kommunikation. Die meisten computergestützten Netze sind Kontaktbörsen. Das Herzstück dieser Networking-Plattformen sind die Profile, mit denen sich die Mitglieder präsentieren und die bei der Registrierung ausgefüllt werden. Es gibt diese Plattformen offen, geschlossen oder exklusiv; regional oder überregional; formell oder informell. Das bekannteste Beispiel für eine Business-Networking-Plattform ist sicherlich XING.

Eine Beziehung meint den Grad der Verbundenheit oder Distanz zwischen Individuen als Ergebnis sozialer Prozesse. Persönliche Beziehungen zeichnen sich durch ein hohes Maß an Kontinuität aus (dennoch müssen sie gelegentlich konkret gelebt werden), man kann an die gemeinsame Vergangenheit und persönliches Wissen anknüpfen. Wenn aber Menschen regelmäßig und in Gruppen interagieren, dann entstehen Verhaltensregeln und Rollen. Rollen sind die Schnittstellen zwischen Person und sozialem System; sie umschreiben, wie ich mich in dieser Welt sehe und wie mich die anderen sehen. Reine Kontaktsysteme wie Datenbanken können das natürlich nicht leisten.

Eine Beziehung ist etwas Zwischenmenschliches und schließt an das Verstehen an. Verstehen bezieht sich auf Menschen und ihre Einstellungen, ihre Entscheidungen und Handlungen, aber auch auf Situationen und Regeln. Es ist dies also ein hochkomplexes Geschehen. Aus diesem Grund macht der Autor eines „Praxisbuch Networking" gleich zu Beginn deutlich, dass die Voraussetzung jeder erfolgreichen Netzwerkarbeit eine Reihe von persönlichen Eigenschaften ist, die mit dem Austausch von Visitenkarten nichts zu tun hat.[7] Hierzu zählen Körpersprache, Souveränität, Bildung und am besten ein auf natürliche Weise demonstrierter (gehobener) sozialer Status. Auch Spaß haben im Zusammensein mit anderen Menschen ist eine wichtige emotionale Ressource für vertrauensvollen Umgang

---

[7] Lutz 2009, a. a. O., S. 45 ff.

miteinander und für Kreativität. In diesem Sinne kann die Nutzenorientierung sogar in den Hintergrund treten, weil die Freude am Leben die wohl wichtigste Voraussetzung für Erfolg ist. Genauso kann man *Zeit schenken* (ein schöner Ausdruck), was eine andere, schönere Art der Vorleistung ist als das Versenden von Wein oder Kalendern. Es gibt viele Beispiele für den zwischenmenschlichen Umgang wie Danken, Loben, Empfehlen, um Rat fragen, welche Netze begründen oder stabilisieren und im Internet nicht möglich sind.[8]

Networking als verstehende Form der Kommunikation bedeutet dann, auf meinen potenziellen Netzwerkpartner so eingehen zu können, dass dieser Vertrauen gewinnen kann, weil er gemeinsame Interessen vermutet und die Treffen mit mir immer wieder atmosphärisch angenehme und erkenntnisreiche Stunden versprechen. Als DU-orientierte Form der Kommunikation ist dieses Networking eine Lernaufgabe, welche die Aneignung von Persönlichkeitsanalyse, Körpersprache, aktivem Zuhören, Empathie, Rollenspiel und den Transport des Ausdrucks umfasst.

2.3 Networking ist eine Kulturtechnik

In diesem Sinne ist Networking eine Kulturtechnik, die man *erlernen* kann, die Gegenstand von Unterricht, Training oder Beratungstätigkeit sein kann. Sie ist zunehmend eine Voraussetzung für gesellschaftliche Partizipation. Networking ist allerdings in einem Spannungsfeld zu diskutieren, nämlich demjenigen zwischen *Nutzen* und *Werten*. Sehe ich mein Gegenüber als Träger von Merkmalen, die mir nützlich sind, trete ich ihm gemäß einer Rationalität des Marktes gegenüber oder suche ich den ganzheitlichen Menschen? Ich muss um meine Werte wissen, denen ich mich im Umgang mit Netzwerkpartnern verpflichtet fühle. Ich brauche also das richtige Leitbild und die zu mir passende Strategie.

Meine These lautet, dass Networking in der heutigen Zeit eine *Kulturtechnik* ist. Was ist eine Kulturtechnik? Ursprünglich war hiermit die Urbarmachung des Bodens gemeint, also die Sicherung des Überlebens durch technische Fertigkeiten wie Wasserbau, Rodung, Pflügen oder später die Einführung des Fruchtwechsels. Aber auch Feuermachen, Jagd oder Verteidigung gehörten zu den Kulturtechniken – und natürlich Lesen, Schreiben und Rechnen; man spricht hier von der „Schrift-, Bild- und Zahlenbeherrschung". Eigentlich geht es um den gesamten Prozess der Zivilisation einschließlich Bekleidung, Tischsitten u. v. a. m. Auch die Kommunikation ist eine Kulturtechnik, wobei wir vielleicht erst an das Telefon denken, dann an das Radio, den Fernseher und heute immer mehr an das Internet. Durch die

---

[8] Lutz 2009, a. a. O., S. 45 ff.

technische Entwicklung treten ständig neue Kulturtechniken hinzu; vor wenigen Jahren kannten wir das Wort *Handy* noch gar nicht, und heute werden Staaten und Unternehmen mit Hilfe seiner perfektionierten Nachfolger vom Auto oder dem Restaurant aus gemanagt.

Networking als Kulturtechnik zu begreifen erlaubt uns zunächst danach zu fragen, ob man sein Beherrschen *erlernen* kann durch schulische Bildung, durch Qualifizierung in Unternehmen, durch Coaching oder durch Lernen im sozialen Umfeld. Weiter umfasst „Kulturtechnik" sowohl *technische* Fertigkeiten wie zum Beispiel den Umgang mit dem Computer als auch *menschliche* Qualitäten. Hier begegnet uns erneut der Unterschied zwischen virtuellen und haptischen (personalen) Netzen, aber besonders natürlich die Rolle der Persönlichkeit beim Networking. Zu diesem Bereich zählt auch der ganz wichtige Aspekt der Körpersprache als einer non-verbalen Form der Kommunikation.

Als klassische Kulturtechniken werden auch Fertigkeiten bezeichnet, deren Beherrschung die Gesellschaft von ihren Bürgern als Partizipationsvoraussetzungen erwartet. Dennoch wird neuen Kulturtechniken oft mit Skepsis begegnet, wie zum Beispiel die humanistisch geprägte Pädagogik dem Internet kritisch gegenübersteht. Von anderer Seite wird der geübte Umgang mit den Neuen Medien den elementaren Kulturtechniken Lesen, Schreiben und Rechnen gleichgestellt.

Hat man eine Kulturtechnik erlernt, spricht man von *Kompetenz*. Kompetenz kann begriffen werden als eine Mischung aus den Elementen Wissen, Fähigkeiten, Motiven und Dispositionen, die zum Handeln befähigen. Natürlich ist eine Kompetenz abhängig von der jeweiligen Situation, und besonders (professionelles) Networking erfordert hier eine hohe Flexibilität, weil sich die Situation permanent ändern kann. Man kann darum sagen: *Kompetenz äußert sich in der Bewältigung von Handlungssituationen.* Erstere ist subjektbezogen (Selbstorganisationsfähigkeit), während letztere sich auf die Erfüllung konkreter Nachfragen bzw. Anforderungen beschränkt.

2.4 Die Sicht der Soziologie und der Ökonomie auf Netzwerke

Wenn ein Netz etwas von den Menschen Geschaffenes ist, dann kann man es auch mit soziologischen Methoden untersuchen. So korrespondieren die dem Konzept des sozialen Netzwerks zugrunde liegenden Vorstellungen mit dem Verständnis von Soziologie als Beziehungswissenschaft.[9] Die sog. Beziehungslehre ist in der er-

---

[9] Philipp Fuchs: Zur Grenze des Netzwerkbegriffs in der Soziologie. In: Bruch/Rossiller/Scholl (Hrsg.) 2007, a. a. O., S. 81–101.

sten Hälfte des 20. Jahrhunderts zu einer Grundrichtung der allgemeinen Soziologie geworden.[10] Die Grundlagen der soziologischen Netzwerktheorie sind schwankend, obwohl recht einfach gesagt werden könnte: „Weder individuelle Motive noch Bestandsprobleme sozialer Systeme sind geeignete Ausgangspunkte für die Erklärung sozialer Sachverhalte, sondern die *Beziehungen*, in die Individuen und andere soziale Einheiten eingebunden sind."[11]

Die soziologische Netzwerkforschung ist sehr heterogen. Jedoch hat sie zumindest erkannt, dass drei Elemente wichtig sind: Beziehungen, Positionen und Akteure. Die Sozialnatur des Menschen und das Zusammenleben des Menschen sind wesentlich gekennzeichnet durch die Ausübung von Macht einzelner auf andere. Es soll uns interessieren, wie es sich mit der „Machtausübung in Netzwerken" verhält, wo diese doch durch Vertrauen und Freiwilligkeit gekennzeichnet sind? Netzwerke sind nämlich überhaupt nicht so herrschaftsfrei, wie man gerne vermuten möchte. Nur im Unterschied zu einer Hierarchie ist die Macht in einem Netzwerk nicht an der Spitze. Der „Machtausübung" entsprechen in der Netzwerkanalyse die Begriffe *Einfluss, Tausch, Zentralität* und *Prestige*.[12]

Zur Funktion von Netzwerken: Einfluss, Zentralität und Prestige *Einfluss* verändert Meinungen oder beeinflusst Handlungen und ist gegenüber Macht, Herrschaft und sozialer Kontrolle der allgemeinere Begriff. In Einflussnetzwerken steigt die „Macht" eines Akteurs mit der „Macht" seiner Kontaktpersonen: man tut sich zusammen, bewirkt etwas. Ein Einflussnetzwerk ist darum etwas sehr schönes, wenn man selbst als Teil desselben Gewinn und Nutzen aus ihm zieht.

Der Begriff der *Zentralität* ist das eigentlich Neue bei der Betrachtung des Phänomens Netzwerk. Er bezieht sich auf einen strategischen Lagepunkt und meint trotzdem keine nur räumliche Dimension. Ein Akteur ist dann zentral, wenn er entweder a) viele direkte Beziehungen hat, b) wenn er nur kurze Distanzen zu den anderen hat (Entfernungskriterium), c) wenn er auf den kürzesten Verbindungsstrecken vieler Paare im Netzwerk liegt (Maklerkriterium).

Als weitere Sichtweise auf Machtverhältnisse kommt das *Prestige* ins Spiel. Hierbei ist bedeutsam, wie viel Wertschätzung, Autorität und Achtung jemand im

---

[10] Leopold von Wiese: Allgemeine Soziologie als Lehre von der Beziehungswissenschaft der Menschen. München 1924–1929 (Duncker & Humblot).

[11] Boris Holzer: Netzwerktheorie. In: Georg Kneer/Markus Schroer (Hrsg.): Handbuch Soziologische Theorien. Wiesbaden 2009 (Verlag für Sozialwissenschaften), S. 253–275, S. 253. Hervorh. ebd.

[12] Dorothea Jansen: Einführung in die Netzwerkanalyse. Grundlagen, Methoden, Forschungsbeispiel. Wiesbaden (3)2006 (Verlag für Sozialwissenschaften), S. 163 ff.

Netzwerk genießt. Quantitativ ist dies nur dadurch darstellbar, indem man die an den Akteur gerichteten Kontakte misst oder zählt. Zum Beispiel kann man analysieren, wie oft eine Person um Rat angegangen wird. Aber nicht nur einzelne Personen genießen ein bestimmtes Prestige in einem Netz, sondern auch sog. *Statusgruppen*. Diese Gruppen verfügen über große Ressourcen, die durchaus immateriell sein können, zum Beispiel juristisches Fachwissen oder ärztliche Fähigkeiten. Diese Ressourcen werden von anderen Akteuren nachgefragt. Eine solche Nachfrage ist eine einseitige Beziehung und wird von den Juristen und Ärzten nicht erwidert, die ihre Beziehungen auf die eigene Statusgruppe beschränken und nur einander um Rat fragen, aber doch nicht den Mandanten oder den Patienten! Um diese prestigeträchtigen Gruppen herum lagern sich nun andere Personen an, die man als Zuarbeiter bezeichnen könnte oder (böse formuliert) als Opportunisten, die in der Nähe der Macht ihre Chance suchen. Zusammenfassend kann gesagt werden, dass das Kennzeichen dieser Statusgruppe ist, Objekt vieler Beziehungen zu sein, aber die eigenen Beziehungen auf die eigene Gruppe zu beschränken.

Die Ökonomie erkennt in Netzen die Bedeutung des Vertrauens Die Ökonomie begreift die Netzwerkorganisation, der ein erhebliches Maß an strategischer Flexibilität zugesprochen wird, als *das* Gegenmodell zu vertikal tief integrierten und/oder breit diversifizierten Unternehmen. Eine hierarchische Kontrolle wird tendenziell durch Kooperation ersetzt. Natürlich sind die in der Ökonomie zugrunde gelegten Analyseansätze des Phänomens völlig andere als in der Soziologie. In der Ökonomie geht es in der Regel um Unternehmensnetzwerke, die sich wie zum Beispiel bei komplexen Zulieferungsprodukten erheblich von einer Kooperation, einer Allianz oder einem Verbund unterscheiden. Bei dieser Organisationsform hört das Management nicht an der Grenze der Unternehmensumwelt auf und bezieht Zulieferer, Abnehmer und selbst Wettbewerber mit ein. Warum aber scheint sich diese Organisationsform gegenüber anderen Formen als überlegen zu erweisen?

Für die Existenz eines Unternehmensnetzwerkes ist entscheidend, dass mehrere bislang autonom agierende Unternehmen ein gemeinsames Ziel verfolgen und ihre Individualziele zumindest teilweise dem Kollektivziel des Netzwerkes unterordnen. Kooperative Verhaltensweisen ersetzen also wettbewerbliche Verhaltensweisen. Allerdings besteht für jeden Partner prinzipiell die Möglichkeit des Austritts und damit ein Drohpotenzial gegenüber den Partnerunternehmen. Gleichzeitig muss immer damit gerechnet werden, dass neue Unternehmen in das Netzwerk eintreten, so dass nie eine Monopolsituation entsteht. Man kann damit auch bei einem Netz durchaus von einer marktähnlichen Situation sprechen.[13]

---

[13] Siebert 2010, a. a. O., S. 11 f.

Während im Modell „Markt" der Wettbewerb eine große Rolle spielt und im Modell „Hierarchie" die Kontrolle, erkennen die Ökonomen im Modell „Netz" die Bedeutung des *Vertrauens*. Vertrauen zwischen Netzwerkpartnern manifestiert sich u. a. im Verzicht auf die Realisation eigener Vorteile auf Kosten von Partnerunternehmen. Vertrauen äußert sich auch in der Zurverfügungstellung erfolgsrelevanter Informationen. Allerdings ist das mit dem Vertrauen so eine Sache. Selbstverständlich gibt es Mechanismen, welche Vertrauen fördern bzw. als *lohnend* erscheinen lassen. Vertrauen erspart die kostentreibende und zeitintensive Absicherung von Gefahrenpotenzialen – um diesen Vorteil zu gewinnen, muss man viel Zeit investieren, die bei einem Geschäftspartnerwechsel verloren ist. Netzwerke, die auf Vertrauen aufbauen, haben daher eine hohe Ein- und Austrittsbarriere. Dieses Vertrauen kann auch materiell dadurch gefestigt werden, dass man sich in eine gegenseitige Abhängigkeit von Macht und Einfluss begibt, also zum Beispiel durch gleichzeitige partnerschaftliche Investitionen oder die Preisgabe von kritischen Informationen.[14]

Es ist auffallend, das der Begriff des Vertrauens im Zusammenhang mit Netzen durch die Wirtschaftswissenschaft eingeführt wird und nicht durch die Soziologie. Der Hintergrund ist, dass in der Ökonomie *Transaktionen* eine zentrale Rolle spielen, und hier ist die Grundbedingung einer jeden Transaktion das ausreichende Vertrauen, dass der jeweils andere auch seine Gegenleistung erbringen wird. In Unternehmensleitbildern und bei Führungsgrundsätzen spielt Vertrauen oft eine große Rolle, und dennoch ist das Betriebsklima oft von Revierdenken, Eigeninteressen und Machtspielchen bestimmt.

Die Führung von Netzwerken Damit sind wir bei der Frage von Führung in oder von Netzwerken angekommen. Dies ist auch bereits ein Vorgriff auf das weiter unten zu diskutierende Networking als Tätigkeit in Netzwerken und für Netzwerke. Führung ist eine zentrale Managementfunktion zur Erreichung von Unternehmenszielen. Zu unterscheiden ist in unserem Zusammenhang die Führung *in* Netzwerkorganisationen und diejenige *von* Netzwerkorganisationen. Dabei sind es Führungskräfte schon immer gewohnt, Netzwerke zu knüpfen, sei es um Informationen zu sammeln, Sichtweisen zu verbreiten oder Einfluss auszuüben. Es handelt sich dann um personale Netze, die gewollt sind und die ihrerseits ein Medium der Führung darstellen. Etwas anderes ist es, wenn man von der Führung einer Organisationsform spricht, die aus autonomen Akteuren besteht. Hier können zum Beispiel Mitglieder verschiedener Organisationen dem Einfluss meh-

---

[14] Siebert 2010, a. a. O., S. 13.

rerer Vorgesetzter ausgesetzt sein. Im Ergebnis wird es oft *Verhandlungen* statt bestimmender Führung geben.

Netzwerken wird Flexibilität, Innovations- und Lernfähigkeit zugeschrieben; dem stehen jedoch häufig unklare Zuständigkeiten, ungeregelte Kommunikationswege, ungeplante Abhängigkeiten und Ambiguitäten (Doppelsinnigkeit, Mehrdeutigkeit) oder ungewollte Verunsicherungen gegenüber.[15] Das Management muss sich demnach reflexiv auf das Netzwerk beziehen, was auch darum nicht einfach ist, weil unterschiedliche Bindungen (*commitments*) zu Netz und Netzakteur (dem eigenen Unternehmen) vorliegen. In der Forschung wird darum schon von einem *Network Citizen Behavior* gesprochen, also einem verantwortlichen, gemeinwohlorientierten Verhalten jenseits arbeitsrechtlicher Verpflichtungen.[16] Diese Schlussfolgerung ist nahe liegend, denn je häufiger ein Mitarbeiter zwischen den Partnerunternehmen pendelt, abwesend ist und koordinierende Aufgaben übernimmt, desto schwieriger ist er natürlich zu kontrollieren und in diesem Sinne zu führen. Es eröffnen sich darum auch für einen Personalcoach viele Fragen und Arbeitsgebiete.

Obwohl Unternehmensnetzwerke organisatorisch und rechtlich deutlich verfestigter sind als reine soziale Beziehungen, kommen sie ohne Vertrauen, Verantwortung und sogar Gemeinwohlorientierung nicht aus. Gleichwohl sind sie alles andere als naturwüchsige Ordnungen, sondern gemäß der vorgeschlagenen Verortung von Netzen etwas Drittes.

2.5 Das Konzept sozialer Netze

Gemeinschaften sind in unserer heutigen Zeit veraltet. Als noch existierende Form fällt mir eigentlich nur die Kirche ein. Aber auch sie wird heutzutage nicht mehr als Gemeinschaft der Heiligen beschrieben, sondern durchaus als Netzwerk mit der Möglichkeit einer gestuften (!) Zugehörigkeit.[17] Es gibt ja auch seit der Einführung

---

[15] Jörg Sydow: Führung in Netzwerkorganisationen – Fragen an die Führungsforschung. In: Jörg Sydow (Hrsg.): Management von Netzwerrkorganisationen. Beiträge aus der „Managementforschung". Wiesbaden 2010 (Gabler), S. 359–372, S. 364.

[16] Sydow 2010, a. a. O., S. 366 f.

[17] Helmut Eder: Kirche als Netzwerk. In: Jan Broch/Markus Rassiller/Daniel Scholl (Hrsg.): Netzwerke der Moderne. Erkundungen und Strategien. Würzburg 2007 (Köningshausen & Neumann), S. 257–276. Die Katholische Kirche versucht gerade mit untauglichen Mitteln, dieser Entwicklung entgegenzuwirken, weil es keine Dienstleistungen mehr geben soll ohne „zahlende Mitgliedschaft".

des Kurssystems in unseren Schulen keine Klassengemeinschaften mehr. Auf Werten beruhende Gemeinschaften wurden abgelöst vom zunehmenden Stellenwert des Individuums. Das ist der Grund, warum man von Netzwerken spricht – Netze sind viel vorteilhafter für den Einzelnen als eine Gemeinschaft! In einem recht bekannten Buch über Identitätskonstruktionen, also dem Finden der Menschen zu sich selbst, hat Heiner Keupp hierfür eine Erklärung gegeben:

> Die Identitätsrelevanz sozialer Netzwerke wird unmittelbar deutlich, wenn man moderne Individualisierungsprozesse nicht als den Verlust, sondern als die Veränderung sozialer Beziehungen begreift. Die Auflösung traditioneller Ligaturen (Verbindungen) führt nicht nur zu einem Verlust von sozialer Einbindung und Verhaltenssicherheit, sondern reduziert auch Zwänge durch soziale Kontrolle und Normierung. Einher gehen damit ein individueller Freiheitsgewinn und eine Zunahme von Optionen, die es dem Individuum erleichtern, ‚Wahlverwandtschaften‘ anstelle von ‚Zwangsgemeinschaften‘ einzugehen. Für die Subjekte bedeutet das allerdings auch mehr Verantwortung für die eigene soziale Integration, was als Belastung und manchmal auch als Überforderung erlebt werden kann.[18]

In einem etwas versteckten Aufsatz habe ich eine andere Begründung gefunden. In unserer Single-Gesellschaft suchen die Menschen sozial durchlässige d. h. sozialen Aufstieg ermöglichende Vorstellungen von Gesellschaft:

> Die neuen Netzbegriffe (welche die Bedeutung des Fangnetzes weitgehend verloren haben) unterstellen Flachheit, gleich starke Fäden, gleichmäßig gestrickte Maschen, Egalität der Knoten, vermitteln zugleich auch ein Gefühl der (nicht einengenden) Zusammengehörigkeit. Das Netz ist eine Metapher für (*mühe-*) *lose, jederzeit reversible Vergesellschaftung: ‚Vernetzung‘ steht für Vergesellschaftung ‚light‘.*[19]

Und dennoch sehnt sich der Mensch natürlich nach der Gemeinschaft. Aber in der Regel ist dies nicht der Wunsch nach einer verfestigten organisatorischen Form, sondern nach einem zeitlich beschränkten Erleben. Es gibt Menschen, die haben die Begabung, Menschen zusammenzuführen und Synergien zu erzielen. Das können wunderschöne Schlüsselmomente sein, aus denen Ideen geboren werden und neue Beziehungen entstehen. Es handelt sich dabei aber eher um eine Form der „beglückenden Kreativität" als um eine Gemeinschaft im soziologischen Sinne. Eine solche beglückende Kreativität bieten virtuelle Netze natürlich nicht.

---

[18] Heiner Keupp: Identitätskonstruktionen. Das Patchwork der Identitäten in der Spätmoderne. Hamburg 1999 (Rowohlt), S. 153.

[19] Gerhard Fröhlich: Netz-Euphorien. Zur Kritik digitaler und sozialer Netz(werk)metaphern. In: Alfred Schramm (Hrsg.): Philosophie in Österreich 1996, Wien 1996 (Hölder-Pichler-Temsky), S. 292–306. Online unter www.iwp.jku.at/lxe/wt2k/pdf/Netz-Euphorien. pdf. Hervorhebung ebenda.

Um den Charakter von Netzwerken zu bestimmen, hat der Begriff *soziales Kapital* Eingang in die Diskussion gefunden.[20] Soziales Kapital eröffnet Individuen, Gruppen oder Organisationen Handlungsmöglichkeiten, so z. B. auch Chancen auf unternehmerischen Profit. In Netzwerken wird dieses soziale Kapital erzeugt. Wie dieser Prozess vor sich geht, vermag man einzuschätzen, wenn man die Beziehungen der Mitglieder des Netzes zueinander untersucht. Dabei interessieren nicht die individuellen Merkmale der das Netz begründenden Personen, sondern die relationale Ordnung, das Beziehungsgeflecht. Nicht das Individuum als solches, sondern seine Beziehungen zu anderen und seine Einbettung in eine Struktur sind von Interesse. Es lohnt sich, den Zusammenhang zwischen Netzen und sozialem Kapital zu vertiefen. Wird soziales Kapital im Wesentlichen als individuell anzueignende Ressource begriffen oder als Kollektivgut? Findet man soziales Kapital in Formen von Solidarität, im Norm- und Systemvertrauen oder eher in starken und individuellen Persönlichkeiten?

Soziales Kapital entsteht durch Beziehungen Soziales Kapital hat im Vergleich zu ökonomischem und Humankapital die Eigenart, nicht völlig im Besitz eines einzelnen Akteurs zu sein. Vielmehr entsteht es durch direkte und indirekte Beziehungen der Akteure untereinander. So gibt der Zusammenhalt in der Familie Sicherheit bei individuellen Krisen; Rechtstreue und Ehrlichkeit unter Kaufleuten erlauben überhaupt erst produktive und lukrative Kooperationen; wer in einer Gesellschaft so positioniert ist, dass er privilegierte Informationen erhält, dem eröffnen sich auch günstige Gelegenheiten. Eine besonders interessante Form des sozialen Kapitals ist die sog. *strukturelle Autonomie*. Damit ist gemeint, dass ein Teilnehmer im Netz über eine derartig gute strategische Position verfügt, dass er zwischen anderen, nicht kooperationsfähigen Akteuren vermitteln kann. Hier spielt also wieder die „Kategorie der Macht" eine Rolle. Auf der anderen Seite kann Macht auch aus dem genauen Gegenteil kommen: Nicht das strategische Besetzen von Lücken bringt Gewinn, sondern das Besetzen der Stellen, wo die Netzwerkmitglieder am häufigsten zusammenkommen. Wer sich zum Vorsitzenden eines Vereins wählen lässt, der hat nicht nur Arbeit und Ärger, sondern Prestige, Ansehen und Einfluss, und er lernt andere „wichtige Leute" kennen.

Netzwerke, die auf der Zusammenarbeit von konkret existierenden Menschen beruhen, können auch emotionale Freude vermitteln. Man kann darüber diskutieren, ob ein *Freundeskreis* ein Netzwerk ist. Freundschaften zeichnen sich dadurch

---

[20] Jansen 2006, a. a. O., S. 26 ff. Siehe auch Marina Henning: Soziales Kapital und seine Funktionsweise. In: Christian Stegbauer/Roger Häußling (Hrsg.): Handbuch Netzwerkforschung. Wiesbaden 2010 Verlag für Sozialwissenschaften), S. 177–189.

aus, dass man auf Nutzen und materielle Gewinnerwartungen verzichtet. Der Gewinn, um dennoch diesen Begriff zu bemühen, liegt im Bereich des emotionalen
Erlebens, der Bestätigung des Selbst durch andere, vielleicht sogar in der Liebe.
Freundschaften begründen viel stärker einen Lebenssinn als Geld verdienen. Es
ist das göttliche Prinzip, dem wir uns hier nähern: Der Sinn des Lebens ist die
Liebe – nicht Porsche fahren. Die Menschen investieren viel Zeit, um Freunde
zu finden. Die heutigen *sozialen Netze* im Internet sind der Ausdruck der Sehn-
sucht der Menschen nach dieser Art von Gemeinschaft. Da schlägt immer noch
etwas durch, was die Menschen schon seit Urzeiten zusammenführte. Im Laufe der
vergangenen Jahrzehnte ist der größte Teil der Wertschöpfung in dieser Welt auf
das Bedürfnis nach Gemeinschaft und Gemeinsamkeit zurückzuführen – jedenfalls
wenn man Mobilität und Telekommunikation als Voraussetzung hierfür begreift.
Aber gerade die Entwicklungen im Bereich der technischen Kommunikation haben
natürlich zu der Frage geführt, ob Facebook-Kontakte *Freundschaften* sind. Handelt es sich nicht vielmehr um eine Form der Kommunikation, die ausdrücklich
nicht personal ist, sondern durch Anonymität und Distanz eine eigene Qualität
hat? Den sogenannten sozialen Netzen im Internet fehlen wesentliche Elemente,
die eine zwischenmenschliche Kommunikation begründen: Körpersprache, Vertrauen, Respekt, Empathie, Zuverlässigkeit, Berechenbarkeit, Moral. Wenn man
diesen Gedanken weiterentwickelt, muss man Angst bekommen, dass wesentliche
Werte unserer Gesellschaft sich im Orkus des Internets auflösen.

Netze, die auf persönlicher Kommunikation beruhen und soziales Kapital finden, setzen die persönliche Begegnung voraus. Sympathie und Antipathie spielen
eine Rolle, das Auftreten ebenso wie die Umgebung. Die Geschichte der Zivilisation ist voller Beispiele für entsprechende Rituale wie Partys, Festessen, Ritterspiele
oder Amateur-Orchester der City-Kaufleute mit dem Oberbürgermeister an der
Bratsche. Bei der personalen Netzwerkarbeit spielt der *soziale Status* eine ganz
wichtige Rolle. Ein Hartz IV – Empfänger wird voraussichtlich nicht in das Orche-
ster eingeladen, weil er nicht über materielle oder politische Ressourcen verfügt. Er
ist nicht zweckdienlich für das Ziel des Netzwerk-Orchesters, Geschäftskontakte
anzubahnen.

Auf der anderen Seite eines denkbaren Kontinuums wäre zum Beispiel der Mann
zu nennen, der durch seine Firma und den Sportverein viele *Kumpels* an der Hand
hat, die ihm beim Hausbau helfen. Als Gegenleistung gibt es nicht nur ein prima
Richtfest, sondern er verleiht auch mal seinen Transporter; oder man stellt die teure
Kinderkleidung, aus der die eigenen Kinder herausgewachsen sind, den befreunde-
ten Familien zur Verfügung. Dies sind zweifellos auch soziale Netzwerke, und man
sollte ihre Bedeutung nicht gering bewerten. Die organisatorische Verfestigung ist
sehr gering, und darum existieren kaum Machtpositionen. An Zweck und Ziel wird
kaum gedacht, aber der Nutzen ist hoch.

Dieses Verständnis von sozialen Netzen ist in der Literatur erstaunlich unter-repräsentiert. Soziale Netzwerke als „spezifische Webmuster alltäglicher sozialer Beziehungen" (Keupp) zu kennzeichnen, ist gegenüber „großformatigen" Denk-ansätzen des Computer-Zeitalters in den Hintergrund getreten. Dabei ist genau das gemeint: Netzwerke sind Lebenszusammenhänge, die hilfreich sind bei Be-lastungen, bei Bedarf an Unterstützung, bei Arbeitslosigkeit und bei familiären Problemen. Keupp und Röhrle haben dies in einem Aufsatzband zusammengetragen.[21] Vielleicht konnte Keupp 1987, also vor Wahrnehmung der digitalen Revolution, darum lakonisch und unbeeindruckt definieren: „Das Netzwerkkon-zept ist von bemerkenswerter Schlichtheit und deshalb auch schnell definiert: Es bezeichnet die Tatsache, dass Menschen mit anderen sozial verknüpft sind und ver-mittelt für dieses Faktum eine bildhafte Darstellungsmöglichkeit. Menschen werden als Knoten dargestellt, von denen Verbindungsbänder zu anderen Menschen laufen, die wiederum als Knoten symbolisiert werden."[22]

Die genannten Beispiele führen uns zu Theorien des *Kommunitarismus*, al-so zu Formen von Nachbarschaftshilfe, Ehrenamt usw. – d.h. zur Bildung von Gemeinschaften in der Zivilgesellschaft jenseits von Profit und einem Arbeitgeber-Arbeitnehmer-Verhältnis. Weil die Vereinzelung und die Anonymität in der Stadt zunehmen, gründet man Freiwilligenagenturen, Tauschringe oder Organi-sationen für Batzenwirtschaft, welche die Koordination und die Netzwerkarbeit übernehmen.

Die funktionale Differenzierung, einer der Megatrends der gesellschaftlichen Entwicklung, wirkt damit auch hier, und der Charakter des Netzwerks verschiebt sich von der zwischenmenschlichen Sphäre in den Bereich der technisch oder medi-al vermittelten Kommunikation. Die ganze Angelegenheit wird dadurch anonymer. Bei der Koordinierung ehrenamtlicher Tätigkeit geht es zunächst nur um eine Datenbank; aber inzwischen reden wir ja von globalen Netzen sog. Nichtregierungs-Organisationen, die politische *Ziele* verfolgen, *Macht* ausüben wollen, und die mit zunehmender Professionalisierung natürlich auch interne Hierarchien und damit interne Machtpositionen aufbauen. Das Ziel des Netzwerkes verschiebt sich also vom Nutzen für die Mitglieder zur Macht für ihre Mitglieder gegenüber anderen Akteuren. Der Zweck ist Politik, das Ziel ist Einfluss und Macht.

Künstler/innen und das Denken in Netzen Es gibt in vielen deutschen Städten begabte bildende Künstler/innen. Viele von ihnen sind offiziell arbeitslos oder sog. „Aufstocker", die ihre Kunst weit unter Wert verkaufen. Sie haben das strukturelle

---

[21] Heiner Keupp/Bernd Röhrle (Hrsg.): Soziale Netzwerke. Frankfurt/M./New York 1987 (Campus).

[22] Heiner Keupp: Soziale Netzwerke. Eine Metapher des gesellschaftlichen Umbruchs? In: Keupp/Röhrle 1987, a. a. O., S. 11–53, S. 11 f.

Problem, dass sie schwer organisierbar sind; erstens als individuelle Charaktere, zweitens aus materiellen Gründen, drittens weil ihnen ein gemeinsames Ziel fehlt. Sie sind Mitglieder im Verband Bildender Künstler, aber aus diesem Umstand entsteht keine *Synergie*. Das Netzwerk bleibt informell und oft von Konkurrenz und Anfeindungen gekennzeichnet. Es hat für die einzelnen Mitglieder nur einen geringen Nutzen.

Ganz anders sieht die Sache aus, wenn ein *Machtpromotor* die Bühne betritt. Dieser verfügt über Geld oder hat kunstinteressierte Freunde mit Geld. Es handelt sich dann aber um ein Verhältnis von Angebot und Nachfrage: Die Künstler wollen verkaufen oder in die Nähe „der Macht" geraten, weil dadurch ihr sozialer Status steigt und damit der fiktive Wert ihrer Werke. Kunst hat auch immer mit Eitelkeit zu tun. Aber kann man in diesem Fall von einem Netzwerk reden? Wer hat den Nutzen, wenn ein reicher Mäzen seine Geschäftspartner zusammen mit Künstlern in sein Haus einlädt? Will der uneigennützige Mäzen die Hilfe für die Künstler gegen Prestige und Freundschaft eintauschen? Verfügt ein Galerist über ein Netzwerk? Ist hier nicht eher der Schwesterbegriff Markt oder sogar Hierarchie angemessen? Auf ganz eigene Weise entzieht sich der Sektor Kunst dem Netzwerkgedanken. Wenn das so sein sollte, hätte es auch Folgen für die Filmschaffenden. In diesem Falle bewährt sich das Netz als Form der Handlungskoordination nicht, weil die Künstler sich eben als *Künstler* begreifen und es ihnen gleichsam psychologisch und von ihrer Weltsicht her nur mit Überwindung möglich ist, Fragen des Marketings oder der Buchhaltung in ihr Denken einzubeziehen. Die Psychologie und das eigene Rollenverständnis spielen also beim Gründungsgeschehen – und nichts anderes ist ja der Aufbau einer künstlerischen Existenz – eine ganz wesentliche Rolle.

2.6   Digitale Netze verändern die Welt

Bis jetzt habe ich soziale Netze als Produkt menschlichen Handelns diskutiert. So genannte virtuelle Netze sind natürlich auch das Ergebnis menschlichen Handelns, insofern sie jemand erfunden hat oder sie jetzt betreibt. Sogar Computersysteme, die in Millisekunden gegen die Geldpolitik der Staaten an spekulieren, sind dies – ihr Hintergrund ist menschliche Gier und Verantwortungslosigkeit. Man kann darüber streiten, ob es eine virtuelle Realität und damit also virtuelle Netze überhaupt gibt oder entsprechende Computerprogramme nicht einfach die bekannte *Wirklichkeit 1.0* sind. Bereits kurz nach dem Aufkommen des Internets wurde der Zusammenhang zwischen dem Computer und der Realität diskutiert und die Wirklichkeit umfassend in eine Beziehung zu den neuen Medien gesetzt – wohlgemerkt nicht umgekehrt, was zweifellos vernünftiger gewesen wäre.[23]

Um es sofort zu sagen: Natürlich gibt es im philosophischen Sinne keine virtuelle Realität, das ist alles nur eine gedankliche Hilfskonstruktion. Die Realität ist immer konkret, wir können sie nur nicht in Gänze erfassen, wie bereits Dr. Faust beklagte. Durch die zeitliche und räumliche Verdichtung der Geschehnisse aufgrund der neuen Technologien hat sich das Problem nur verstärkt. Man kann auch das Internet mit soziologischen, politologischen, psychologischen und ökonomischen Methoden untersuchen und wird am Ende immer auf menschliche Bedürfnisse, Wünsche und Ziele stoßen oder auf Kapitalverwertungsinteressen.

Durch die technischen Möglichkeiten erhalten computergestützte Netze jedoch eine besondere Qualität. Da ist zunächst das Moment der *Geschwindigkeit* oder der *zeitlichen Verdichtung*. Würde man den Computerhandel verlangsamen, so könnte man ihn wieder mit den Mitteln des menschlichen Geistes beeinflussen. Wenn die Medien nicht praktisch in Echtzeit über ein politisches Ereignis berichten würden, dann hätten die Politiker viel mehr Zeit, über die Folgen nachzudenken; wir alle hätten die Chance auf Nachdenken und Unaufgeregtheit. Die neuen Kommunikationstechnologien erlauben die schnelle Organisation von „flash mobs" genauso wie die von Widerstandsdemonstrationen gegen ein diktatorisches Regime. Man muss aber wohl eingestehen, dass Geschwindigkeit keine Inhalte transportiert. Zeit ist keine inhaltliche Kategorie. Die Kommunikation, die sich vollzieht, ist keine Kommunikation im Sinne von *Verstehen*. Zeitersparnis durch Vernetzung ist darum nur eine Erleichterung (nicht einmal eine Voraussetzung) für inhaltliches und menschliches Verstehen.

Das zweite Moment ist die *Überwindung räumlicher Entfernung*. Wir können heute praktisch in Echtzeit und halbwegs kostenlos Kontakte zwischen Kontinenten pflegen. Auch hier gilt, dass die Überwindung von räumlichen Entfernungen zunächst nur eine Erleichterung zwischenmenschlichen Verstehens ist.

Wenn ich hier beinahe automatisch mit dem Begriff und dem Wunsch nach Verstehen argumentiere, so zeugt dies von der tief in mir verwurzelten Grundhaltung, nahe bei den Menschen sein zu wollen. Computergestützte Netzwerke können dann nur einen instrumentellen Zweck haben. Dies gilt ganz besonders für Geschäftskontakte, jedenfalls wenn sie mit komplexer Projektarbeit verbunden sind. Es ist ein Unterschied, ob ich ein computergestütztes Netz als *Marktplatz* nut-

---

[23] Sybille Krämer (Hrsg.): Medien Computer Realität. Wirklichkeitsvorstellungen und Neue Medien. Frankfurt/M. 1998 (suhrkamp). Siehe auch neuerdings: Anastasia Paschalidou: Virtuelle Realität als existenzielles Phänomen. Ein philosophischer Versuch. Würzburg 2011 (Verlag Königshausen & Neumann).

ze und über Ebay eine CD in Holland bestelle, oder ob ich *Verbündete* und *Partner* für ein Projekt oder eine Initiative suche.

Das dritte Moment bei der Betrachtung sog. virtueller Netze ist das Potenzial, welches im *Zusammenführen* ansonsten getrennter Akteure liegt. Dieses Potenzial des Zusammenführens kann man wohl nur verstehen, wenn man es vom *Markt* unterscheidet. Der Markt kann als „Schwesterbegriff" des Netzes bezeichnet werden. Ein Markt ist eine Veranstaltung oder eine Einrichtung, die dem Absatz wirtschaftlicher Güter dient. Ein irgendwie geartetes inhaltliches Verstehen der Marktteilnehmer untereinander ist hierfür in der Regel nicht nötig. Dies gilt auch für Jobbörsen, in denen die Ware Arbeitskraft gehandelt wird. Das Internet ist das perfekte technische Medium für den Absatz von Waren, denn für diesen Vorgang ist die Überwindung von Zeit und Raum ein geradezu wahr gewordener Traum. Ebay und Amazon sind in diesem Sinne keine sozialen Netze, sondern Verkaufsplattformen.

Das Potenzial des Zusammenführens ansonsten getrennter Akteure erfährt eine völlig andere Dimension, wenn man es als *Potenzial der sozialen Interaktion* diskutiert. Insofern ist das Internet eine Hybrid-Organisationsform, welche sowohl den kommerziellen Markterfordernissen geradezu perfekt entspricht, als auch der Gemeinschaftsbildung dient. Während jedoch die Potenziale als Vermarktungsinstrument zunehmend erkannt und professionalisiert werden, ist der Charakter des sog. Web 2.0 noch durchaus unsicher. Facebook ist ja eine profitorientierte Einrichtung, und der Krake des Profits werfen sich die kommunikations- und darstellungsgeilen Menschen bereitwillig in den Rachen. Wer Kulturpessimist ist, der kann um althergebrachte menschliche Werte fürchten. „Das Netz (Internet) ist eine Spektakelmaschine in Echtzeit und der Klick gleichzeitig Maßeinheit, Zweck und Ziel." (Sascha Lobo)

Die Bedeutungsbreite von Netzwerken variiert. Sie wird auch eingesetzt als Form des Regierens: der Staat initiiert, fördert und hat Anteil an Netzwerken. Ein gut nachvollziehbares Beispiel sind die Gründungsnetzwerke.

2.7 Gründungsnetzwerke als Form des Regierens

Ein Gründungsnetzwerk kann verstanden werden als „Set an sozialen Beziehungen einer Gründungsperson oder eines Gründungsteams" (Knuth). Hier geht es um ein persönliches Netzwerk von Gründer/innen als Voraussetzung für die erfolgreiche Gründung.

Ich möchte an dieser Stelle aber die *Gründungsförderungsnetzwerke* in den Fokus rücken als Zusammenschluss verschiedener privater oder/und öffentlicher Akteure mit dem Ziel, die Unterstützung und Förderung der Existenzgründer zu koordinieren und zu bündeln.

In diesem Sinne wäre ein solches Gründungsförderungsnetzwerk eine Governmentform (wie zu Beginn erwähnt), weil es politische Ziele umsetzen soll. Derartige Netzwerke werden häufig in Verbindung mit wissenschaftlicher Forschung konzipiert; entweder erhofft man sich aus der Umsetzung (d. h. Kommerzialisierung) von Forschungsergebnissen positive Arbeitsmarkteffekte oder aus der Verwertung akademischer Wissenspotenziale. Der Gesamtansatz zielt in der Regel auf die Gründung *neuer*, sog. „junger" Unternehmen. Da dies politisch gewünscht ist, existieren zunehmend entsprechende Institute an den Universitäten und Hochschulen. In den letzten zehn Jahren hat sich die Anzahl der Gründungslehrstühle und Gründungsprofessoren an deutschen Hochschulen mehr als verdreifacht.

Gründungsförderung ist schon lange keine Angelegenheit der Betriebswirtschaftslehre mehr. Als Standortpolitik geht es um gute Rahmenbedingungen für unternehmerische Aktivitäten in einer bestimmten Region oder Volkswirtschaft, um Mittelstandsförderung, Finanzierungsprogramme und Beratungsleistungen. Interessant ist dabei die Frage, ob Gründungsförderungsprogramme sektorspezifisch (z. B. Biotechnologie oder Filmwirtschaft) aufgelegt sind oder die Bewerber viel Spielraum haben.

Ein Gründungsförderungsnetzwerk als Governmentform muss gemanagt werden: Der Inhalt und der Umfang der Kooperation müssen ebenso wie die möglichen Netzwerkpartner ausgewählt werden (Selektionsfunktion). Es müssen Aufgaben, Ressourcen, Zuständigkeiten und Verantwortungen verteilt werden (Allokationsfunktion). Ein solches Netzwerk braucht Regeln für die Zusammenarbeit, die entwickelt und durchgesetzt werden müssen (Regulationsfunktion). Und schließlich muss das Netzwerk bewertet werden; man will ja wissen, was dabei herauskam (Evaluationsfunktion).

Mitarbeiter von Gründungsnetzwerken als Intrapreneure Die wichtigste Voraussetzung für den Erfolg eines solchen Netzwerks ist die Qualität des Angebots mit Alleinstellungsmerkmalen. Um ein solches Angebot aber nachhaltig und authentisch am Markt vertreten und weiterentwickeln zu können, bedarf es einer internen Organisation und Ausrichtung, die unternehmerisches Denken und Handeln impliziert und die Mitarbeiter/innen des Netzwerks zu *Intrapreneuren* macht, also zu Mitarbeitern, die wie Gründer/Unternehmer denken und handeln, wie Klaus-Dieter Müller und Cord Siemon betonen.[24]

---

[24] Klaus-Dieter Müller, Cord Siemon: Gründungsnetzwerke – Ein organisationaler Rettungsanker zur Vitalisierung des Gründungsgeschehens? In: Der Network-Guide 2012, Nr. 1, S. 52–63.

Dazu bedarf es einer Durchdringung des Teams mit Vision, Strategie und Zielen des Netzwerks, der Übernahme von Verantwortung durch die Mitarbeiter/innen und folgerichtig einer Partizipation an Entscheidungen, was wiederum eine offene Kommunikations- und Informationskultur im Netzwerk voraussetzt, die durch flache hierarchische Strukturen begünstigt wird.

Der erfolgreiche Intrapreneur – der Mitarbeiter als Unternehmer – sollte ähnliche Verhaltensweisen und Fähigkeiten eines Entrepreneurs (Gründers) aufweisen. Er unterscheidet sich natürlich vor allem dadurch vom Entrepreneur, dem Gründer und der Gründerin, dass er nicht sein eigenes Vermögen riskiert. Eine vergleichbare Situation kann aber durch ein angemessenes Anreiz- und Sanktionensystem erreicht werden.

Zum Selbstverständnis des Intrapreneurs gehört selbstverständlich auch die Reflexions- und Visionsbereitschaft. Aber Achtung: Intrapreneurship ist mehr als eine Sammlung von Instrumenten. Es impliziert eine Änderung der Unternehmenskultur. Werte wie das Leistungsprinzip, Eigenverantwortung, Mobilität, die Akzeptanz von Risiken und die Belohnung von Kreativität ersetzen oder ergänzen zumindest die traditionellen Kulturen, die von Standardisierung, Berichtssystemen, Anweisungen, Arbeitsplatzbeschreibungen und Kontrollmechanismen geprägt sind. Ein besonders schwieriges Problem ist die Balance zwischen der stabilisierenden Hierarchie und dem innovationsfördernden Markt. Beinahe alle Unternehmen benötigen beide Fähigkeiten. Die Balance ist aber schwierig, da sich beide Kulturen zueinander antagonistisch verhalten. Dies bedeutet, dass das Gleichgewicht zwischen ihnen instabil ist und stets die Gefahr besteht, dass sich eine zu einseitige Kultur ergibt. Auf der einen Seite droht dann das Chaos, auf der anderen die Erstarrung. Beide können in den Untergang führen. Damit ergibt sich, dass ein Wandel in Richtung einer stärkeren Betonung der Prinzipien von Entrepreneurship und Eigenverantwortung der Mitarbeiter/innen notwendigerweise Führungsaufgabe ist und ständig evaluiert werden muss.

Ein derartig politisch gewolltes Networking wie in Gründungsnetzwerken, mit dem mittel- und langfristig vor allem in strukturschwachen Regionen die wirtschaftliche Struktur positiv beeinflusst werden soll, ist ein Beispiel für das Netzwerken als Form des Regierens. Der Staat hat Zugriff auf das Gebilde durch die Fördermittelvergabe. Existenzgründer verfügen selten über eigene ausreichende finanzielle Mittel, um sich Gründungsberatung leisten zu können. Der Staat hilft mit vielfältigen Förderprogrammen und sichert sich so den Zugriff auf die Gründungsnetzwerke. Gründungsförderungsnetzwerke ähneln sogar einer politischen oder administrativen Institution und dies umso mehr, je verfestigter die Zusammenarbeit zwischen den Akteuren ist. Dies festigt die Hypothese, dass Netze etwas Drittes zwischen Gemeinschaften und Institutionen sind.

Man muss an dieser Stelle betonen, dass Gründungs(förderungs) netzwerke ordnungspolitisch keineswegs unumstritten sind. Sie sind ihrem Wesen nach staatsinterventionistisch und werden von marktliberalen Ökonomen abgelehnt. Es wird die Effizienz der Maßnahmen bestritten und generell die Fähigkeit des Staates angezweifelt, aufgrund der ungeheueren Informationsdichte eine geeignete und angemessene Auswahl für die Lenkung der Mittel treffen zu können. Dies wiederum führt unter anderem dazu, dass die politisch Verantwortlichen sich mit kostspieligen Experten umgeben, Projektträgerschaften und Evaluationen ausgelagert werden und in einem komplexen System von wechselseitiger Bestätigung und Kontrolle als Ganzes unkontrolliert wachsen.

Wer aber seit vielen Jahren junge Unternehmer/innen bei ihrem Weg in die Selbstständigkeit begleitet, weiß, wie ausgeprägt und weitreichend die Defizite von Gründungswilligen sind in Bezug auf die wirtschaftliche Tragfähigkeit des verfolgten Geschäftsmodells, die Marktkenntnis und die Erreichbarkeit potenzieller Kunden (Marketing/besonders Vertrieb). Darüber hinaus erschweren mangelnde betriebswirtschaftliche Kenntnisse und keine ausreichende Übersicht über Finanzierungs- und Fördermodelle den erfolgreichen und nachhaltigen Start ins Unternehmerleben und führen immer noch bei mehr als 50 % der Gründer/innen in den ersten fünf Jahren zur Aufgabe der Selbstständigkeit. Eine fundierte Gründungsberatung ist für die meisten Gründer/innen unerlässlich und sollte verstärkt auf schon am Markt tätige junge Unternehmen ausgedehnt werden. Darum bilden sich in Gründernetzwerken zunehmend Ehemaligen-(Alumni-) Strukturen, um den Kontakt und Wissenszugang auch über die Gründungsphase hinaus zu sichern.

Zu den Akteuren eines solchen Netzwerks gehören unter anderem Hochschulen, Bildungseinrichtungen, Kammern, Finanzinstitute und Unternehmen. Die hohe Heterogenität der Akteurszusammensetzung kann dazu führen, dass Einzelinteressen überwiegen. D. h. die Zwecksetzung des Netzwerks ist keinesfalls identisch mit der Zwecksetzung der Netzwerkmitglieder. Wer Erfahrung mit geförderten Projekten hat, der weiß, dass oft bestimmte Interessen vorliegen:

- Die Erlangung monitärer Alimentation (Fördermittel).
- Die Steigerung der eigenen Reputation als Organisation.
- Die Erreichung öffentlicher Aufmerksamkeit.
- Die Akquise von Kunden und Partner für andere Projekte und Geschäftsbereiche.

Mit der Höhe des erwarteten Nutzens wächst das Interesse an einer Mitgliedschaft. Wenn die Zahl der Akteure steigt, nehmen auch die Kommunikationskosten zu, und kollektive Entscheidungsprozesse verlängern sich, und die Systemfragilität nimmt zu.

Abb. 2.1 Bestimmungsfaktoren von Gründungsförderungsnetzwerken

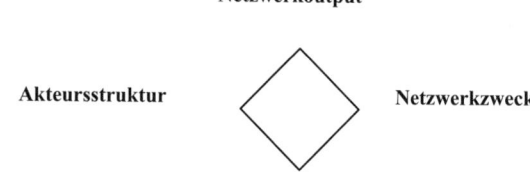

Netzwerkoutput

Akteursstruktur   Netzwerkzweck

Netzwerkdauer

Was bisher noch nicht angesprochen wurde, ist die zeitliche Endlichkeit eines Netzwerks, was bei geförderten Projekten in der Regel der Fall ist. Auch werden gerne „Sollbruchstellen" in den Projektverlauf eingebaut, um beispielsweise nach der Hälfte des Förderzeitraums im Zuge einer Zwischenevaluation eine Reorganisation der Netzwerkressourcen zu bewirken. Damit das Netzwerk überlebt, ist es vor allem erforderlich, „dass aus der ‚künstlichen' – im Sinne von nicht gewachsenen – Akteursstruktur eine dynamische, auf Vertrauen basierende Netzwerkstruktur entsteht, die tatsächlich Synergien generiert. Je erfolgreicher sich die Metamorphose von einer politisch gewollten Kooperation zu einer ökonomisch regionalen Netzwerkstruktur gestaltet, desto eher wird es – politisch intendiert oder nicht – zu Nachhaltigkeitsbestrebungen aus dem Netzwerk heraus kommen."[25]

Viele Netzwerke unterliegen ähnlich wie Produkte, Unternehmen oder Märkte einem Lebenszyklus. „Ihre Fortexistenz hängt von der Balance zwischen den vorhandenen Interessen und Machtresiduen, vom Angebot an alternativen Kooperationen außerhalb des Netzwerkes sowie vom zurückgelegten Pfade und damit von den bereits getätigten Investitionen der einzelnen Akteure innerhalb des Netzwerkes ab." (Abb. 2.1).[26]

Nachdem ich die außergewöhnlich große gesellschaftliche Akzeptanz des Phänomens der Netzwerke aus unterschiedlichen Blickwinkeln beleuchtet habe, möchte ich auf die persönliche Dimension des Denkens von Netzwerken zurückkommen.

---

[25] Lambert T. Koch: Zwischen politischer Mode und ökonomischer Methode: Zur Logik von Gründungsförderungsnetzwerken. In: Klaus Walterscheidt (Hrsg.): Entrepreneurship in Forschung und Lehre. Festschrift für Klaus Anderseck. Frankfurt/Main 2003 (Peter Lang), S. 149–165, S. 157.

[26] Koch 2003, a. a. O., S. 155.

Der Ausgangspunkt für ein erfolgreiches Networking ist das Selbst

3

Im folgenden Abschnitt möchte ich mich mit dem *Selbst* befassen, mit der jeweils eigenen Position in dieser Welt. Das ist einerseits ein Zustand und andererseits ein lebenslanger Prozess. In der Soziologie spricht man in diesem Zusammenhang von der *Konstruktion von Identität*. Dieser Begriff lässt offen, ob ich selbst an mir baue oder andere meine Architektur bestimmen. Genau dies ist der Gegenstand der Debatte und auch von enormer politischer Relevanz. Wenn ich die Schuld für all mein Elend bei den anderen suche, resultiert hieraus ein politisches Weltbild, in welchem ich Sicherheit außerhalb von mir selbst suche, am besten beim Staat. Dem steht gegenüber, die Kraft und das Potenzial für das Leben in mir selbst zu entdecken. Dies ist der gedankliche Ausgangspunkt für die Entwicklung eines Leitbildes für mein Leben. Ohne eine gefestigte Identität ist jedoch kein Leitbild möglich und es stellt sich die Frage, zu welchem Zeitpunkt man die Grundlagen für ein Leitbild gelegt hat.

Das Selbst ist in den gesellschaftlichen Diskurs eingewandert. Nicht mehr die anderen oder der Staat stehen im Mittelpunkt einer Erwartungshaltung, sondern ich muss *selbst* sehen, wo ich bleibe. Ich muss Ziele *in mir selbst* finden und sie *selbst* verfolgen.

Das Selbst ist natürlich keine Entdeckung der Gegenwart, denn es hat unter anderem Wurzeln in der Aufklärung, aber der Denkansatz hat in den letzten Jahren eine gewaltige Sogwirkung entwickelt. Nur auf den ersten Blick sind die Ursachen hierfür die Sparzwänge des Sozialstaates und damit verbunden eine Politik, die auf Eigenvorsorge und *Selbstverantwortung* zielt.

Vielmehr handelt es sich um die wohl wirkungsmächtigste Folge des einleitend skizzierten Umstandes, dass unsere Welt zunehmend kontingent wird, dass Gewissheiten verloren gehen und sich soziale Rollen auflösen. Der hiermit verbundenen Verunsicherung kann vor allem durch die Besinnung auf meine eigenen Kräfte begegnet werden. Das ist im Wesentlichen der Hintergrund einer Debatte um das richtige Menschenbild, welche mit aller Macht ausgetragen wird. Die Identität des

K.-D. Müller, *Erfolgreich Denken und Arbeiten in Netzwerken*,
DOI 10.1007/978-3-658-02108-5_3, © Springer Fachmedien Wiesbaden 2013

Individuums wird zu einem Problem der gesellschaftlichen Moderne. Dem entspricht (wie ich oben bereits ausgeführt habe) die Vermutung, dass das Netz ein geeignetes Bild ist, um Auflösung und Halt gleichermaßen zu umschreiben. Wo eine Struktur kein Zentrum hat – und ein Netz hat kein Zentrum – kann nur *ich selbst* dieses Zentrum sein.

3.1 Identität

Die Identitätsforschung hat seit einigen Jahren ebenfalls Konjunktur. Es geht dabei vorrangig um gewisse Vorstellungen eines gelungenen Lebens und einer voll integrierten Persönlichkeit, die auf die Frage „Wer bin ich?" eine klare, verlässliche und in sich widerspruchsfreie Antwort geben kann. Eine solche Persönlichkeit existiert in unserer Gesellschaft aber kaum noch. Einer der gesellschaftlichen Gründe für die Konjunktur des Identitätsthemas ist, dass es in prismatischer Form die Folgen aktueller Modernisierungsprozesse für die Subjekte bündelt.[1] Nie ganz sicher ist man sich in der theoretischen Diskussion, wann der Modernisierungsprozess die Ich-Suche der Menschen erreichte. Es scheint jedoch Konsens zu sein, dass die Identitätsfindung der Menschen in den westlichen Industrieländern durch die Globalisierung beschleunigt wurde.

Identität ist nicht etwas, was man von Geburt an hat, sondern was man entwickelt. Als Entfaltungs- und Entwicklungsbegriff ist Identität ein Projekt, das den Menschen zu sich selber führt. Dies bedeutet auch, dass das Reden über Identität sich in einem Spannungsfeld bewegt: Meinen wir mit Identität das *Ergebnis* eines Findungsprozesses oder den Weg dorthin, also den Prozess selbst? Eigentlich verweist der Begriff Identität auf einen Zustand oder ein Resultat, aber wir alle wissen, dass sich unser Verhältnis dem Leben gegenüber im Laufe der Zeit wandelt. In der Forschung wird genau das diskutiert: Die Frage nach der Abschließbarkeit der Identitätsbildung und nach ihrer biografischen Verortung – und demgegenüber die Situierung des Einzelnen in Zeit, Raum und Gesellschaft.[2] Eine Freundin hat dies einmal so formuliert:

> Deine Vorstellung von dem, was du willst und schön findest, was deine Werte sind und wo du dich wohl fühlst, ist irgendwann fertig, sagen wir mit 40 Jahren. Du bleibst stehen, aber die Gesellschaft bewegt sich weiter: Immer mehr Autos parken

---

[1] Heiner Keupp: Identitätskonstruktionen. Das Patchwork der Identitäten in der Spätmoderne. Hamburg 1999 (Rowohlt), S. 22.

[2] Keupp 1999, a. a. O., S. 66.

deine Umwelt zu, eine zersiedelte Landschaft, Frauen mit Schrauben in der Nase und grünen Haaren, 100 schlechte Fernsehprogramme, und Musik, die du nicht mehr hören kannst. Irgendwann sagst du dir: ,Dies ist nicht mehr meine Welt!' Und ab diesem Moment fällt es dir leichter, ans Sterben zu denken.

Das Identitätserleben erfasst die Gleichheit von Objekten oder Bewusstseinsinhalten im Zeitverlauf.[3] Ich werde nicht vergessen, dass mein Großvater von den Beatles nur von den „Affen" sprach, heute ist das „klassische Musik".

In der Psychologie ist dies die Frage von psychischer Einheit und Spaltung, von Kohärenz und Dissoziation, also die Frage, wie viel Vielfalt an Erfahrung der Mensch verträgt und wie viel Einheit des Erlebens er braucht. Die Suche nach sich selbst vollzieht sich auch in vielen unterschiedlichen sozialen Rollen, in denen wir uns nach außen unterschiedlich darstellen, aber in denen wir oft auch eine Einheit von Empfinden und Denken erleben. Wie ist ein solches Gefühl von Authentizität in doch völlig verschiedenen Rollen möglich? Ist eine komplexe Rollenvielfalt noch als kohärent (zusammenhängend) zu erleben? – Diese Fragen sind relevant für die Erarbeitung eines Leitbildes. Spiegelt ein Leitbild eine abgeschlossene Identität wider, wenn ja: zu welchem Zeitpunkt des Lebens? Oder muss ein Leitbild in regelmäßigen Abständen angepasst werden? Dann wäre Identität eine alltägliche und nie endende Konstruktionsleistung des Subjekts, und der Identitätskern, von denen jedes Leitbild ausgeht, würde immer wieder in Frage gestellt.

Diese Entwicklung wird in dem Maße immer mehr Realität, indem gesellschaftliche, politische und vor allem auch technologische Entwicklungen beschleunigt werden und neue Ausgangspositionen schaffen, die politische, gesellschaftliche und zum Beispiel auch ökologische Perspektiven stark beeinflussen.

Der Mensch kann seine unverwechselbare Eigenheit aber nur im Zusammenwirken mit den *anderen* (ego – alter) entwickeln und erfahren, er bedarf „sozialer Anerkennungsverhältnisse". Wenn sich aber die sozialen Zusammenhänge, wie zum Beispiel Herkunftsfamilie, Geschlechterrolle oder Nation, zusehends auflösen, muss der Einzelne die entsprechenden Rollen für sich individuell konstruieren, und das ist nicht einfach.

Abschließend möchte ich noch ein weiteres Spannungsfeld benennen, nämlich, ob es eine Art *basale Identitätserfahrung* gibt, die ungeachtet aller kulturellen Einflüsse auf dem den Menschen innewohnenden körperlichen und psychischen Erfahrungen beruht oder aber ob die Identität ein diskursiver Prozess ist: Ich erzähle mich anderen, also bin ich. Diskurstheoretische Ansätze sind in den Geisteswissenschaften seit einigen Jahren sehr verbreitet (Tab. 3.1).

---

[3] Psychologisches Wörterbuch, Bern (15)2009, (Verlag Hans Huber), S. 455.

Tab. 3.1 Fünf Spannungsfelder der Identitätskonstruktion nach Keupp. (Quelle: Keupp 1999, a. a. O., S. 69)

Anthropologische Konstante	Frage der Moderne
Die Identitätsfrage ist zeitlos	Die Identitätsfrage ist ein Problem der gesellschaftlichen Moderne
Derselbe bleiben	*Sich selbst finden*
Identität bezeichnet ein So-sein, etwas Wesenhaftes	Identität ist bezogen auf einen Such- und Entwicklungsprozess, auf ein Sich-selbst-finden
Gefährliche Vielfalt	*Vielfalt als Chance*
Identität braucht Kohärenz und Kontinuität	Erst Vielfalt des Selbsterlebens macht Kohärenz und Identität möglich
Personaler Fokus	*Soziale Konstruktion*
Identität meint die Singularität	Identität und Alterität sind untrennbar verbunden
Basale Identität	*Narrative Identität*
Identität beruht auf basalen interpsychischen Prozessen, einem Identitätsgefühl	Identität ist sozial konstruiert. Das Medium der Konstruktion ist Sprache. Die Strukturierung geschieht erzählend, narrativ

Wir erkennen in der kleinen Tabelle, dass die rechte Spalte das Individuum in einem instabilen Feld von Beziehungen, Vielfalt, Prozesshaftigkeit und Kommunikation verortet. Es ist ganz eindeutig, dass dieser Ansatz dem vorherrschenden Diskurs entspricht, wonach in einer immer weniger planbaren und als unsicher empfundenen Gesellschaft *ich selbst* Verantwortung für mich übernehmen muss und *ich selbst* meinen Weg aus mir selbst heraus gehen muss. Das ist für viele Menschen ein schmerzhafter Prozess, oft streubt man sich dagegen, diese Freiheit anzunehmen. Dem Selbst fehlt der Schutz, die Wärme, der Halt, das Verstehen seiner Umwelt usw. – es ist überfordert.

Ich habe vorstehend argumentiert, dass der Begriff Netz das gedankliche Gegenmodell zu Gewissheiten, Blöcken und Zusammenhalt zu sein scheint. Wo sich alles auflöst, ist der Mensch auf sich selbst zurückgeworfen, er muss agieren. Networking ist eine solche Form des Agierens. Stellt der Mensch sich selbst in den Mittelpunkt, so handelt er zweckrational. Ich schließe hier an meine Ausführungen zum Nutzen von Networking an. Zweckrationalität, also erfolgsorientiertes Denken, entspricht unter anderem der Begriff der Effektivität. Dies ist implizit und explizit der gedankliche Ausgangspunkt des Erfolgsautors Stephen Covey.[4] Die

---

[4] Stephen R. Covey: Die 7 Wege zur Effektivität. Prinzipien für persönlichen und beruflichen Erfolg. (15)2009 (Gabal).

Ausführungen von Covey haben ohne Zweifel darum so erfolgreich Eingang in die Coaching-Szene gefunden, weil sie „kontemplative", sinnstiftende Elemente wie gelingendes Leben und einen persönlichen Wertekanon als vereinbar erscheinen lassen mit einer marktkonformen Machbarkeit der Welt.

Das von Covey empfohlene pro-aktive Leben entspricht im Wesentlichen dem, was in der Psychologie als *assimilativer Modus* bezeichnet wird. Wer derartig lebt, der versucht, eine gegebene Situation in Richtung auf einen gewünschten Zustand zu verändern. Er/sie folgt einer *offensiven* Glückskonzeption, die verbunden ist mit einer auf Erfolg und Bedürfniserfüllung gerichteten aktiven Lebensgestaltung. Dagegen betonen *defensive* Positionen die Notwendigkeit, sich schicksalsresistent zu machen und Gleichmut gegenüber den Wechselfällen des Lebens zu entwickeln. Wer diesem *akkommodativen Modus* folgt, der beseitigt die Diskrepanz zwischen Wunsch und Wirklichkeit, indem er die individuellen Ziele und Ansprüche an die gegebenen Umstände und Handlungsmöglichkeiten anpasst.[5]

Assimilative Aktivitäten richten sich darauf, das eigene Handeln und die eigene Entwicklung entsprechend bestimmter Ziele und Normen zu gestalten; sie sind insofern grundlegend für den Prozess einer absichtsvollen Selbstentwicklung während der gegebenen Lebensspanne. Bei akkommodativen Prozessen, also Anspruchsanpassungen, sinkt mit wachsender Entfernung des Ziels die Wichtigkeit des Ziels; Wohlfahrtsziele werden bei beruflichen und finanziellen Schwierigkeiten abgewertet oder arbeitslose Lehrer sprechen nun schlecht vom Lehrerberuf. Derartige Reaktionen sind jedoch wichtig für die Überwindung von Resignation und Depression und für die Stabilisierung des Selbstbildes.[6]

3.2 Die Networking-Mission – Mein persönliches Leitbild

Viele Unternehmen haben eine sog. *Corporate Identity* entwickelt, was ja nichts anderes ist als das Ergebnis eines Reflexionsprozesses, um Ziele besser erkennen und verfolgen zu können. Die Unternehmensziele können sich ändern, deshalb wird in Unternehmen die Corporate Identity immer mal wieder überprüft, gegebenenfalls angepasst. Etwas Ähnliches gibt es auch für das Individuum. Wer ein Netzwerk aufbauen will, muss sich in diesem Leben positionieren; er/sie muss eine eigene

---

[5] Jochen Brandstätter: Das flexible Selbst. Selbstentwicklung zwischen Zielbindung und Ablösung. München 2007 (Elsevier), S. 7 f.

[6] Brandstätter 2007, a. a. O., S. 21.

Marke aufbauen, die in der Analyse von Stärken und Schwächen in der Kommunikation mit andern besteht und die Ziele und Visionen zum Ausdruck bringt, denen das Netzwerk dienen soll. Welchen Werten fühle ich mich im Umgang mit Netzwerkpartnern verbunden? Auch bei einer Person können sich die Grundlagen verändern. Darum gilt es, auch im persönlichen Bereich die Mission gelegentlich zu überprüfen.

3.2.1 Leitbilder und ihre Unterscheidung

Um diese Frage zu beantworten, muss man zunächst ein *Leitbild* erarbeiten. Leitbilder begegnen uns fast täglich im öffentlichen Sprachgebrauch. Es gibt sie für Städte, Unternehmen, Gesellschaften, Schulen, Forschungsverbünde u.v.a.m. Ein Blick ins Internet zeigt, dass im Wesentlichen zwischen zwei Verständnissen unterschieden werden muss: Dem Leitbild einer Organisation und dem persönlichen Leitbild eines Menschen. Zu letzterem gibt es einiges an Beratungsliteratur, aber praktisch keine schriftlich verfestigten Beispiele. Offensichtlich stellt niemand das Ergebnis seines Nachdenkens über sich selbst ins Internet. Organisationen dagegen entwickeln Leitbilder mit dem ausdrücklichen Ziel, sie der Welt mitzuteilen. Dies hat mit der Unterscheidung von impliziten und expliziten Leitbildern zu tun, wie ich weiter unten ausführen werde.

Das Verständnis von Leitbild ist nicht einheitlich. Man kann allerdings nachweisen, dass der Begriff seit der zweiten Hälfte der 1950er Jahre Eingang in den öffentlichen Sprachgebrauch fand.[7] Giesel hat folgende Leitbilder gruppiert:

- Leitbilder der Lebensführung
- Leitbilder in der Politik
- Leitbilder in Organisationen und Unternehmen
- Leitbilder in der raumbezogenen Planung und Forschung
- Leitbilder in der Technologieforschung.

Dementsprechend schwierig ist es, zu einer gemeinsamen Definition zu kommen. Ein Leitbild besteht zunächst aus orientierungs-, handlungs- und entscheidungsleitenden Vorstellungen des Menschen. Es hat seinen Ursprung in der Individual- und Entwicklungspsychologie der ersten Hälfte des 20. Jahrhunderts; Unternehmensleitbilder oder politische Leitbilder, wie das der nachhaltigen Entwicklung, kamen weitaus später. Als Minimaldefinition schlägt Giesel vor: „Leitbilder bündeln sozial geteilte (mentale oder verbalisierte) Vorstellungen von einer erwünschten bzw.

---

[7] Katharina D. Giesel: Leitbilder in den Sozialwissenschaften. Begriffe, Theorien und Forschungskonzepte. Wiesbaden 2007 (Verlag für Sozialwissenschaften), S. 23 ff.

wünschenswerten und prinzipiell erreichbaren Zukunft, die durch entsprechendes Handeln erreicht werden soll."[8]

Wesentlich ist nun die Unterscheidung zwischen *impliziten* und *expliziten* Leitbildern. Implizite Leitbilder sind faktisch denk- und handlungsleitend, also praktiziert und nicht nur propagiert. Es sind zukunftsbezogene Vorstellungsmuster auf mentaler Ebene. „Explizite Leitbilder stellen dagegen meist Steuerungs- und Planungsinstrumente dar, in denen zu verfolgende Zukunfts-, Ziel- oder Wertvorstellungen zur Orientierung für weiteres Handeln festgelegt werden. Implizite Leitbilder werden gelebt, explizite Leitbilder werden aufgestellt, um gelebt zu werden."[9]

Für die Networking-Mission bedeutet dies, dass wir von einem *impliziten Leitbild* reden, und dass man ggf. darüber nachdenken kann, ob ein Netzwerk ein explizites Leitbild haben kann. Implizite Leitbilder werden von den Menschen geteilt, sie sind mental verankert und verinnerlicht und bilden damit intersubjektive Wahrnehmungs-, Denk- und Handlungsmuster, die auf einem geteilten Sinn beruhen. Für die Networking-Mission ist dies interessant, bedeutet es doch, dass ich für meine Bemühungen Gleichgesinnte brauche. Dabei genügt es, wenn diese Leitbilder mitunter nur *latent* vorhanden sind, denn die geteilten Orientierungsmuster müssen den Leitbildträgern gar nicht in vollem Umfang bewusst sein, um ihre wahrnehmungs-, denk- und handlungssteuernde Wirkung zu entfalten. „Man kann sogar formulieren: Umso selbstverständlicher das Leitbild erscheint, desto weniger ist es den Beteiligten reflexiv zugänglich."[10]

Ein Leitbild verbindet Wunsch- und Machbarkeitsvorstellungen, man kann auch sagen, dass echte Leitbilder *aktiv gewordene Ideen* sind. Sie kommen von den Menschen und aus der Gesellschaft, sie sind Teil einer gemeinsamen Kultur. Explizite Leitbilder (wie zum Beispiel Unternehmensleitbilder) sind dagegen das absichtsvolle *Produkt eines initiierten Leitbild-Entwicklungsprozesses*.[11]

Als absichtsvolles Produkt eignet sich ein solches Leitbild allerdings nicht als Ausgangspunkt für meine Networking-Mission, denn es zeigt nicht mein *Selbst*. Jedoch kann die hier so ausdrücklich dargestellte Differenz von echtem und propagiertem (impliziten und expliziten) Leitbildern ein Stück weit aufgelöst werden, wenn sie in einem beteiligungsorientierten Prozess von den Betroffenen selbst diskursiv erarbeitet werden. Es ist eine Beratungs- und Coachingaufgabe, die Wertvor-

---

[8] Giesel 2007, a. a. O., S. 245.
[9] Giesel 2007, a. a. O., S. 245 f.
[10] Giesel 2007, a. a. O., S. 247.
[11] Giesel 2007, a. a. O., S. 249.

stellungen und Ziele der einzelnen Akteure zu einem Ganzen zusammenzufassen. So ist das Coaching in Gründungsnetzwerken auch stets eine Leitbildreflexion. Es scheint auf den ersten Blick schwierig zu sein, sich über die eigene Lebensvision klar zu werden. In der Regel werden die Vorteile einer solchen Selbstreflexion überhaupt nicht erkannt. Mir geht es doch gut. Ich lebe jetzt. Ich habe genug eigene Probleme. Ich kann die Zukunft sowieso nicht beeinflussen. Mein Kopf ist schon so voll. Alles verändert sich. Mein Kopf ist so leer. – Das unsere Köpfe gleichzeitig voll und leer sein können, hat sicherlich auch mit Reizüberflutung, zeitlicher Verdichtung, Konsumverhalten und wahrscheinlich auch mit der Säkularisierung (Verweltlichung) zu tun. Jede Religion hat ein *gelingendes Leben* zum Ziel, es gibt Normen und Werte, die sich in letzter Konsequenz den Zwängen des Marktes entziehen. Die Idee des gelingenden Lebens ist daher sehr alt, aber sie wurde verschüttet unter Bergen von Zivilisationsmüll. Räumen Sie diesen Müll beiseite und arbeiten Sie an Ihrem Leitbild, Ihrem persönlichen Mission-Statement, an der Mission Ihres Unternehmens, aber auch an Ihrer Netzwerk-Mission!

Ein solches persönliches Leitbild für Ihr Denken und Handeln in Netzwerken drückt auf kurze und verständliche Weise aus

- wer ich sein möchte und welche Netzwerke deshalb für mich in Frage kommen;
- meine Stärken und Schwächen in Bezug auf aktives Netzwerken;
- was ich tun und was ich lassen will, welche Neigungen, Vorlieben und Leidenschaften ich habe und was ich ablehne;
- auf welchen Grundsätzen mein Leben und Handeln beruht, welche Werte mich tragen und auszeichnen sollen;
- wie ich von anderen wahrgenommen werden möchte, was ich als respektvolles Verhalten mir gegenüber bezeichnen würde.

Es geht darum, Prinzipien für meine Netzwerkaktivitäten zu entwickeln und mein Leben darauf abzustimmen. Eigentlich handelt es sich um eine Art Planungstechnik, bei der ich zuerst ein Konzept im Kopf entwickele und es dann in die Realität umsetze. Ich mache mir also mit meinem persönlichen Leitbild ein Bild meines Lebens in Netzwerken im Kopf und richte danach mein reales Leben daran aus.

3.2.2 Selbstführung und die persönliche Dimension des Networkings

Dem in den gesellschaftlichen Diskurs eingewanderten Selbst entsprechen Konzepte der Selbstführung, um das Leben zu bewältigen. Selbstführung und ein erfolgreiches Networking hängen eng miteinander zusammen. Es geht um die Frage, welche Strategien und Methoden den Menschen zur Verfügung stehen, um eigene Bedürfnisse zu befriedigen und selbst gesetzte Berufs- und Arbeitsziele zu realisieren. Selbstführung impliziert eine Ausrichtung an eigenen Visionen, Präferenzen und Perspektiven. Konzepten von Selbstführung liegt in der Regel ein bestimmtes Weltbild zugrunde, das sich an Markterfordernissen und am „unternehmerischen Selbst" orientiert.[12]

- Initiative entwickeln.
- Verantwortung übernehmen.
- Flexibel und mobil sein.
- Berufliche Entscheidungen in eigener Regie treffen.
- Unternehmerisch denken.
- Konstruktiv mit beruflichen Brüchen und Krisen umgehen.

Man muss nun überlegen, ob eine derartig marktorientierte Selbstführung dem Menschen als gesellschaftlichem Wesen angemessen ist. Denn es gibt sehr viele Bereiche, in denen eine Selbstführung notwendig ist, ohne dass es um Markteffizienz geht. In diesem Sinne nähern wir uns dem Pol des wertrationalen Handelns an.

Selbstführung ist also auch eine *Sozialarbeit an sich selbst* und nicht nur ein Markterfordernis. In diesem Sinne ist auch Networking nicht von vorneherein allein ein zweckrationales Aufbauen von Geschäftsbeziehungen. Eine einsame Rentnerin braucht eine andere Networking-Arbeit (die dann wertrational wäre und dem Kommunitarismus-Konzept entsprechen würde) als ein Jung-Manager. An dieser Stelle kommen wir zurück auf die Frage des Nutzens von Netzen sowie auf das Konzept sozialer Netze. Es zeugt von mangelnder Originalität und einer bestimmten ideologischen Weltsicht, dass Selbstführung allein unter dem Gesichtspunkt der Marktverwertbarkeit diskutiert wird und viel zu selten unter dem Gesichtspunkt *glücklich* und *zufrieden* zu sein.

Voraussetzung für Selbstführung ist etwas, was die Psychologen „endogene Determinierung" nennen, also „wissen, was man will". Personen, die sich selbst führen, definieren ihre Berufs- und Tätigkeitsziele in eigener Regie und identifizieren sich sehr stark mit ihnen. Sich selbst führende Personen möchten das eigene Verhalten oder die Situation, in der sie sich befinden, verändern. Dabei variiert die notwendige Autonomie natürlich abhängig vom Arbeitsumfeld. Um innere und äußere Widerstände zu überwinden, müssen Personen Willenskräfte

---

[12] Günter F. Müller/Walter Braun: Selbstführung. Wege zu einem erfolgreichen und erfüllten Berufs- und Arbeitsleben. Bern 2009 (Verlag Hans Huber), S. 15.

mobilisieren, was einer Lern- und Anpassungsleistung gleichkommt. Aus positiven Erfahrungen der Durchsetzung von Ansprüchen und Zielen resultiert dann eine *Selbstwirksamkeitsüberzeugung.*

Es sind nun unterschiedliche Ausprägungen von Selbstführung denkbar. Natürlich spielt bei inneren Vorbehalten gegen ein angestrebtes Ziel der Wille eine umso größere Rolle. Und zur Selbstführung gehört auch, dass einströmende Sinnesdaten mit bestimmten Vorstellungen abgeglichen werden müssen, was eine neuropsychologische Leistung darstellt. Die Wirkungsbereiche variieren also und umfassen Ansatzpunkte wie Selbstmotivierung, Selbstaufmerksamkeit, Willensfokussierung, Affekt, Prozesswissen, Beobachtung und gezielte Modifikationen der Arbeitsbedingungen. Zur Selbstführung gehört auch, unklare Wunschvorstellungen so lange reifen zu lassen, bis aus ihnen Handlungen werden. Selbstführung ist also ein Prozess, der unbewusst, intuitiv oder reflektiert ablaufen kann.

Selbstführung bedeutet, sich aktiv mit der eigenen Person auseinanderzusetzen. Selbstreflexion und „Selbstaufmerksamkeit" können Strategien sein, Wünsche und Bedürfnisse, Denk- und Handlungsprozesse, Kompetenzen und Fähigkeiten genauer einzuschätzen und gezielt weiter zu entwickeln. Auf einer anderen Ebene, aber ebenso wichtig, ist die Beantwortung der Frage, was man tatsächlich will und kann. Die damit verbundene Identifizierung, Wahl und Verfolgung von Berufs- und Arbeitszielen kann wichtige Startimpulse geben. Vorsätze müssen in Handeln überführt werden, was in der Regel Willenskraft erfordert, natürlich Wissenserwerb und manchmal sogar körperliche Fitness.

Diese Selbstführung ist die Kehrseite, oder besser: die Konsequenz aus der Individualisierung. Selbstführung erfordert also die Selbstreflexion. Das gilt für die Persönlichkeit insgesamt, aber auch im Hinblick auf die Rolle des Selbst im Networking. Man sollte zu Beginn seiner bewussten Netzwerkarbeit eine Checkliste für die eigene Netzwerk-Mission erstellen.

3.2.3 Die Checkliste für meine Netzwerk-Mission

Was will ich erreichen? Am Anfang steht der Zweck meiner Netzaktivitäten, meine Ziele. Diese Frage muss ich zunächst beantworten, weil sich die dann folgende Bestandsaufnahme an der Struktur und den Anforderungen entsprechender Netzwerke ausrichten muss.

Beispielfragen, die man sich stellen muss Will ich mich auf ein Netzwerk konzentrieren, dass vor allem meinen beruflichen/wirtschaftlichen Erfolg befördern soll?

Tab. 3.2 Stärken – Schwächen

	Stärken	Schwächen
Fachliche Fähigkeiten (Status und berufliche Reputation, Bekanntheit, Nähe zu renommierten Persönlichkeiten im Netzwerk usw.)		
Bisherige Erfahrungen (In welchen Netzwerken war ich schon tätig? Welche Rolle habe ich dort gespielt? Was habe ich als meine Stärke, was als Schwäche in Erinnerung?)		
Überfachliche Kompetenzen (z. B. Kommunikationsfähigkeit, Empathie, Offenheit, Fähigkeit zur Selbstreflexion usw.)		

Suche ich nach einem heterogenen Netzwerk von Persönlichkeiten, die mir vielleicht auch beruflich helfen können, deren Gedankenwelt und Lebensweise mich aber auch interessieren?

Bestandsaufnahme Was sind meine persönlichen Stärken und Schwächen bezogen auf meine fachliche Ausgangsposition (berufliche Position, Reputation, Prestige), meine bisherigen Erfahrungen mit und in Netzwerken und meine überfachlichen, sozialen Kompetenzen in Bezug aufs Denken und Arbeiten in Netzwerken? (Tab. 3.2).

Welche Werte sind mir wichtig? Geben Sie dazu noch an, welche Werte Ihnen für Ihr Networking wichtig sein, z. B. Verschwiegenheit, Zuverlässigkeit usw.)

Wie möchte ich von anderen wahrgenommen werden? Welchen Eindruck will ich vermitteln? Was sollen andere über mich denken? Was will ich ausstrahlen, damit mich die anderen mit Respekt behandeln und Nähe schenken?

Was ist meine persönliche Netzwerk-Mission? Wie formuliere ich diese? Das Statement muss kurz und einfach sein, keinesfalls länger als eine halbe Seite. Ohne Fach- und Kunstbegriffe! Jeder muss es sofort verstehen! Sie müssen sich jederzeit daran erinnern können. Mit Ihrer Netzwerk-Mission kommunizieren Sie sich selbst – Ihre Einzigartigkeit, Ihre Arbeit, Ihre Ziele, Ihre Werte und Ihre Möglichkeiten im Netzwerk. Mit einer Netzwerk-Mission wissen Sie sehr genau, wo Sie hin wollen, was Sie erreichen wollen und es gelingt Ihnen, Schwächen in der Selbstinsze-nierung abzubauen. Sie können sich und Ihr Anliegen besser kommunizieren und wirken auf Ihre Partner professionell und zuverlässig.

Meine eigene Netzwerk-Mission als Beispiel

Anerkennung, Erfolg, Glück – sinnhaftes Leben kann nur erreichen, wer alles Neue, auch Risiken und Rückschläge, als Chance begreift und leidenschaftlich immer wieder Perspektiven für sich und andere schafft.
Dafür braucht es den Zugang zu Menschen, die ähnliche Ziele, Werte und Visionen haben, mit denen ich mich regelmäßig und nachhaltig in Netzwerken offen, ehrlich und authentisch austausche, lernen kann, aber diese auch an meinen Gedanken, Zielen und Erfahrungen teilhaben lasse.
Dabei geht es mir darum, eine Vorstellung von Gerechtigkeit und Strategien ih-rer Umsetzung in einer vermeintlich grenzenlosen Welt zu bekommen und der Beliebigkeit des Denkens und Handelns eine Perspektive zu geben.
In diesem Sinne möchte ich zusammen mit anderen, vor allem jungen Existenz-gründer/innen, den Weg in eine sinnhafte Selbstständigkeit leichter und sicherer machen.

3.3   Raum lassen für das Selbst – Netzwerke als Rückzugsräume

Viele Menschen sehen sich dem Phänomen der Überlastung ausgesetzt. Das immer schneller, höher, weiter aber auch lauter gestaltete Leben sind die Gründe dafür. Die traditionellen Rückzugsräume lösen sich auf, Familie (von Berlin, Hamburg, Bremen wissen wir es schon, aber auch in Regensburg gibt es über 50 % Ein-Personen-Haushalte). Glaube und Religion haben vielen Menschen Kraft gegeben, jetzt laufen den Kirchen, aber auch den Parteien und den meisten Vereinen die Mitglieder davon. An die Stelle persönlicher Kontakte und Lebensplanung ist eine exzessive Nutzung der mobilen Kommunikationstechnologien getreten.

Zwei Drittel aller Deutschen sagen, sie fühlten sich dauerhaft überbelastet, vier Millionen Depressive werden von Ärzten in Deutschland behandelt, das Burn-Out-Syndrom erfährt eine epidemische Entwicklung. Schon diese wenigen Fakten zeigen eindringlich, wie wichtig es ist, dass die Menschen „Erholungsphasen" brauchen, wir sagen im Volksmund so schön: „Wir müssen wieder runterkommen!" Die Diskussion ist so vielfältig wie die Angebote am Markt: Ob es Ernährungstipps sind, Yoga oder Fitness, der Büchermarkt hält Ratgeber bereit, die ganze Bibliotheken füllen könnten.

Ich möchte Ihnen auch für die so wichtigen Phasen der Besinnung empfehlen, nach entsprechenden Netzwerken zu suchen oder – besser noch – selbst eines zu gründen, in dem Sie mit Gleichgesinnten den Alltagsstress überwinden und die Verbindung mit „dem Ganzen", der Natur oder dem Verborgenen suchen. Ich selbst bin Vorstandsmitglied einer Stiftung, die den Namen „Stiftung Christliche Werte leben" trägt. Die CWL ist eine überkonfessionelle Stiftung, der Stiftungszweck sieht vor, christliche Werte, wie Liebe, Toleranz, Solidarität, aber auch Gleichberechtigung und Nachhaltiges Leben, offensiv in den Medien zu vertreten. Im Rahmen des Stiftungsgeschehens hat sich ein kleines Netzwerk von Künstlern, Wissenschaftlern, Theologen und Menschen gebildet, das sich regelmäßig trifft und über Formen der Spiritualität im 21. Jahrhundert spricht, neue Formen gemeinsam ausprobiert und berät, was wir selbst und andere daraus mitnehmen können. Es geht um Meditation, Bewegung, sehr viel um Musik, um Orte mit Ausstrahlung (Kirchen, Klöster, Friedhöfe, Grotten usw.), aber auch um Philosophen, Schriftsteller, Filmemacher und andere Künstler und deren Aussagen und Formen der Darstellung. Die Treffen in dieser Runde sind immer sehr entspannend und schaffen neue Horizonte.

Netzwerke müssen eben nicht nur auf Position und Profit ausgerichtet sein, das Networking bietet deutlich mehr. Es geht um das gemeinsame Erleben und Gewinnen – in welchen Formen und Konstellationen auch immer. Im Folgenden sollen die Regeln beschrieben werden, die man in jedem Netzwerk, welchen Zweck es auch immer verfolgt, beachten sollte.

Grundlagen der erfolgreichen Netzwerkarbeit

4

In diesem Kapitel, das eine Fülle von Anregungen für die Praxis enthalten wird, unterscheide ich zwischen der strategisch-planerischen Ebene und der persönlichen Arbeits- und Verhaltensebene. Bei der strategisch-planerischen Ebene geht es vor allem um unterschiedliche Netzwerke, ihre Strukturen und Strategien zur eigenen Integration in für mich geeignete Netzwerke. Der Teil zur persönlichen Arbeits- und Verhaltensebene beschreibt Persönlichkeitstypen, ihre Rollen und Eigenschaften in Netzwerken, Verhaltensmuster, Umgangsformen und Techniken.

4.1 Die strategisch-planerische Ebene im Networking

Während die oben stehenden Ausführungen der theoretischen Grundlegung dienten und mit der Thematisierung der Bedeutung des Selbst auch einen anthropologisch-philosophischen Aspekt hatten, bei dem sich jedoch Probleme der Effizienz und der Zielerreichung bereits ankündigten, möchte ich genau diesen letzteren Elementen etwas mehr Raum widmen. „Erfolg kann man lernen. Denken und Arbeiten in Netzwerken" bedeutet nicht nur eine theoretische Durchdringung unserer Gesellschaft, sondern erfordert eine eigene pragmatische Herangehensweise, die oft mit einem gewissen Maß an Disziplin verbunden ist.

Dies nenne ich zunächst die strategisch-planerische Ebene. Hier geht es um die Identifizierung und Auswahl des für mich richtigen Netzwerkes oder einer Mischung der für mich in Frage kommenden Netzwerke. Was ich als die persönliche Arbeits- und Verhaltensebene bezeichne, bezieht sich auf mein persönliches Auftreten. Man sollte die Wirkung der Persönlichkeit im menschlichen Gegenüber nicht unterschätzen. Ich möchte die Grundlagen der erfolgreichen Netzwerkarbeit abschließen mit einigen Hinweisen auf die Funktionsweise und den Nutzen sog.

K.-D. Müller, *Erfolgreich Denken und Arbeiten in Netzwerken*,
DOI 10.1007/978-3-658-02108-5_4, © Springer Fachmedien Wiesbaden 2013

digitaler sozialer Netze. Die Welt des Internets ist nicht immer die Welt der wirkli-
chen (Geschäfte anbahnenden) Beziehungen. Aber was als Hilfsmittel begann, hat
inzwischen eine ganz eigene Bedeutung gewonnen.

4.1.1 Netzwerkstrukturen und ihre Unterscheidung

Zunächst unterscheiden wir formelle und informelle, offene und geschlossene Netzwerke.[1] In der „Netzwerkforschung" wurde zur Darstellung der unterschiedlichen
Ebenen die Netzwerkpyramide entwickelt (Abb. 4.1).
     Wie schon ausgeführt, ist Netzwerkarbeit immer handlungsorientiert. Es ge-
nügt nicht, einem Netzwerk nur anzugehören, denn die rein passive Rolle ist für
die anderen Teilnehmer/innen weder von Nutzen, noch können sich „verstehende
Beziehungen" entwickeln, man wird allenfalls zum „Zählkandidaten" des Netzwerks. Folgerichtig stellt man der Netzwerkpyramide die „Handlungspyramide"
als Ergänzung gegenüber (Abb. 4.2).

Das Umfeld-Netzwerk (mein persönliches/soziales Netzwerk) Das Netzwerken
beginnt in meiner Familie, im Freundes- und Schülerkreis, im Sportverein, also
in meinem direkten Umfeld. Selten, zu selten fragen wir uns, wer aus meiner
Familie, welche ehemaligen Schulfreunde und Weggefährten heute als Teil meines
Netzwerks eine sinnvolle Rolle spielen könnten.
     Völlig unverständlich ist für mich die immer noch unterentwickelte Alumni-
Kultur an deutschen Hochschulen. In den USA dagegen sind die Absolventen
namhafter Hochschulen fester Bestandteil des Hochschullebens und sichern nicht
selten auch den wirtschaftlichen Fortbestand der Hochschulen. Natürlich ist es
nicht einfach, möglichst viele Absolventen einer großen „Gemischtwarenuni-
versität", also einer Hochschule, an der sehr viele unterschiedliche Disziplinen
angeboten werden, an diese dauerhaft zu binden. Was interessiert den Juristen der
Ägyptologe, was den Diplom-Kaufmann der Kunsthistoriker? Die Bindung erfolgt
entweder über die jeweilige Disziplin und bekannte Professoren oder den Ruf, das
Prestige der Hochschule. Es bedeutet etwas, wenn man sagen kann, ich habe in
Havard oder St. Gallen studiert oder bin Schüler von Peter Sloterdijk (Philosophie
in Karlsruhe) oder Hans-Jörg Schellnhuber (Klimawissenschaft in Potsdam).
     Anders stellt sich die Situation aber an Hochschulen dar, deren unterschiedliche
Disziplinen doch alle auf ein Ziel gerichtet sind, etwa an der HFF Hochschule für

---

[1] Klaus-Dieter Müller/Wolfgang Flieger/Jörn Krug: Beratung und Coaching in der Kreativwirtschaft. Stuttgart 2011 (Kohlhammer), S. 146 f.

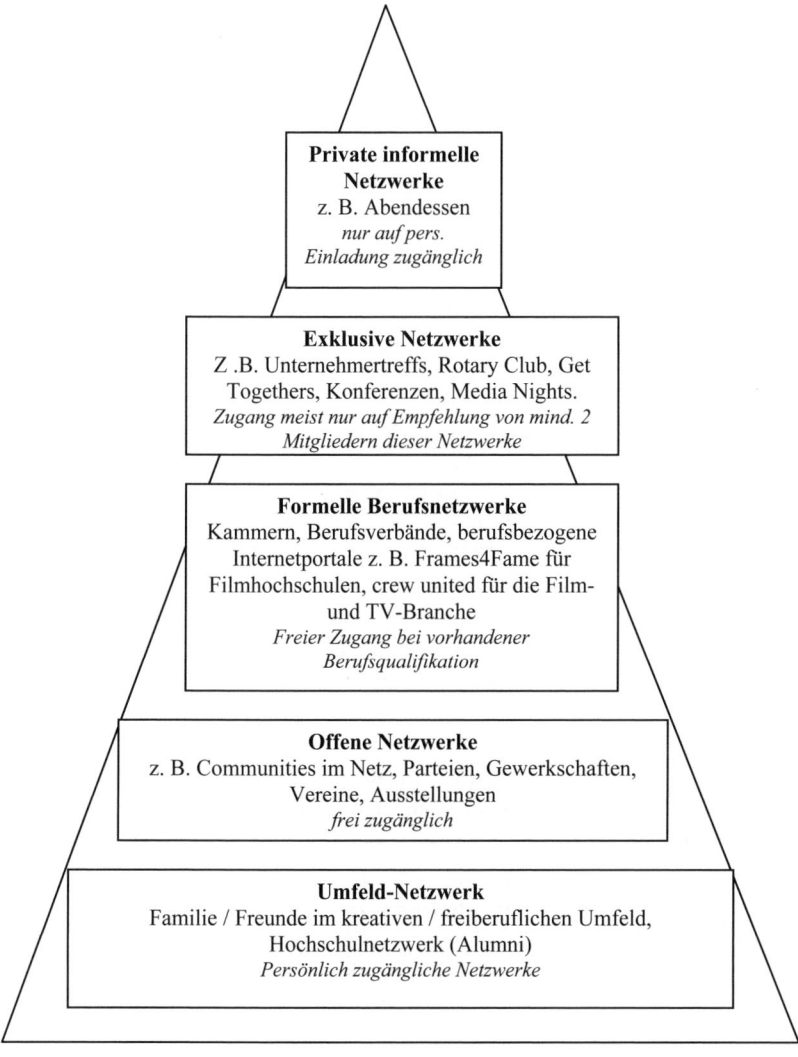

Private informelle Netzwerke
z. B. Abendessen
nur auf pers.
Einladung zugänglich

Exklusive Netzwerke
Z .B. Unternehmertreffs, Rotary Club, Get Togethers, Konferenzen, Media Nights.
Zugang meist nur auf Empfehlung von mind. 2
Mitgliedern dieser Netzwerke

Formelle Berufsnetzwerke
Kammern, Berufsverbände, berufsbezogene Internetportale z. B. Frames4Fame für Filmhochschulen, crew united für die Film- und TV-Branche
Freier Zugang bei vorhandener
Berufsqualifikation

Offene Netzwerke
z. B. Communities im Netz, Parteien, Gewerkschaften, Vereine, Ausstellungen
frei zugänglich

Umfeld-Netzwerk
Familie / Freunde im kreativen / freiberuflichen Umfeld, Hochschulnetzwerk (Alumni)
Persönlich zugängliche Netzwerke

Abb. 4.1 Netzwerkebenen in der Kreativwirtschaft. (Quelle: Müller/Flieger/Krug 2011, a. a. O., S. 145)

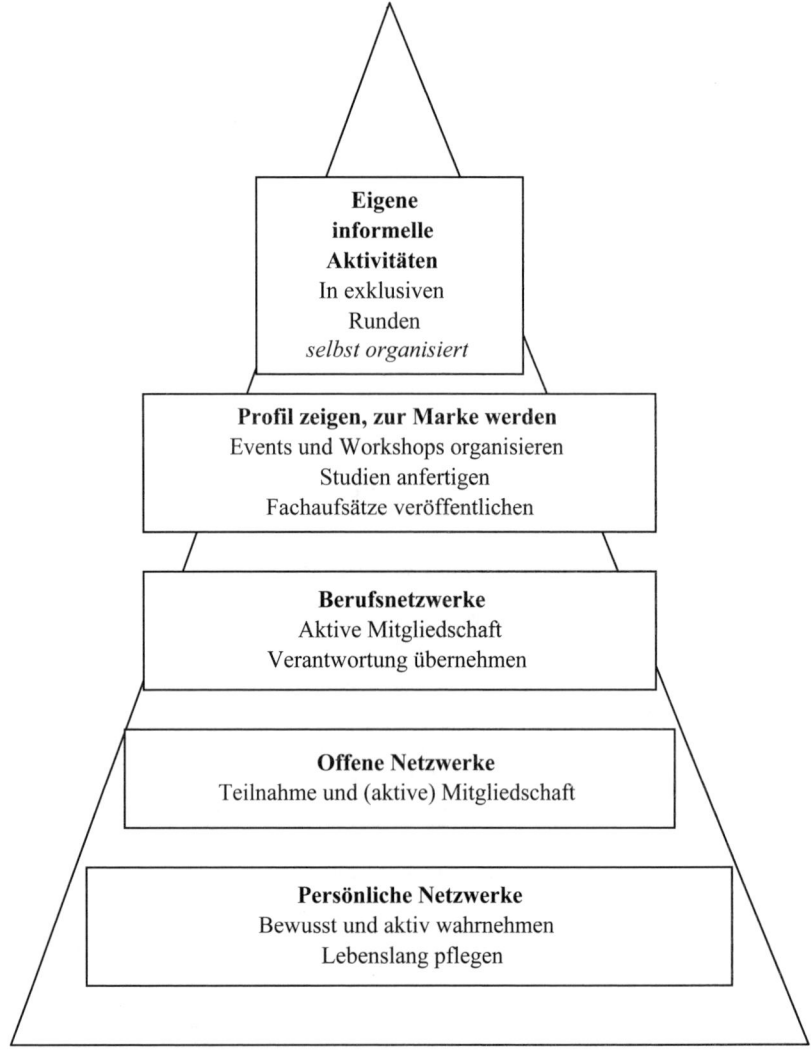

Abb. 4.2 Handlungsebenen im Networking. (Quelle: Müller/Flieger/Krug 2011, a. a. O., S. 148)

Film und Fernsehen Potsdam-Babelsberg, an der man Dramaturgie und Film- und Fernsehproduktion ebenso studieren kann, wie Schauspiel, Medienwissenschaft und Filmmusikkomposition und einiges mehr. Bei allen Unterschiedlichkeiten geht es den Beteiligten immer um das Erschaffen künstlerisch-anspruchsvoller Medien-produkte, das gemeinsame Arbeiten an Filmen, Fernsehsendungen und digitalen audiovisuellen Formaten. Nach bald 60 erfolgreichen Jahren hat diese Kunsthoch-schule unzählige prominente Absolventen hervorgebracht, von denen viele der Hochschule immer noch nahe stehen, sie oft besuchen und gerne aktuell Studie-rende in ihre Arbeiten mit einbeziehen, weil „man doch dieselbe Sprache spricht". Und doch sind Alumnitreffen – auch unter Einbeziehung der aktuell Studierenden – von zu Wenigen besucht, weil die Chancen – für das künstlerische Wachsen wie das berufliche Fortkommen – durch diese persönlichen Umwelt-Netzwerke immer noch deutlich unterschätzt werden.

Offene Netzwerke   Hierzu gehören die klassischen Netzwerke, zu denen grund-sätzlich jeder Zugang hat, wie Vereine, Parteien, kirchliche Vereinigungen, aber auch Communities im Netz. Schon im Zusammenhang mit den „offenen Netz-werken" wird deutlich, welchen Unterschied es macht, nur zahlendes Mitglied oder aktiv an der Gestaltung der Organisation beteiligt zu sein. Das gilt für alle Vereine, vor allem aber am Beispiel der Parteien wird deutlich, dass erst die Über-nahme von Verantwortung im Netzwerk die Nähe zu wichtigen Mitgliedern und Informationen ermöglicht und so zu eigenem Prestige und Einfluss führen kann.

Berufsnetzwerke   Den sog. formellen Netzwerken kann nur beitreten, wer über die erforderliche Nähe und Kompetenz verfügt. Einem berufsbezogenen Verband oder Internet-Portal mit Fachbezug kann ich erst beitreten, wenn ich der Berufs-gruppe auch angehöre, also die fachliche Kompetenz ausweise. Natürlich ist es in den meisten Fällen sinnvoll, einem Berufsverband anzugehören. Den durchschnitt-lich 300,- € Beitrag im Jahr stehen eine Fülle wichtiger Informationen gegenüber, oft auch kostenlose Rechtsberatung in beruflichen Angelegenheiten. Aber auch hier gilt: Verantwortung übernehmen bringt Vorteile, die das eigene Arbeiten sehr erleichtern und oft auch zu finanziellen Mehreinnahmen führen. Ein Bei-spiel sei genannt: Anerkannter Gutachter wird regelmäßig nur, wer sich in seinem Berufsverband, seiner Kammer auch engagiert.

Exklusive Netzwerke   Mitglied eines exklusiven Netzwerks wird nur, wer sich in seinem Beruf oder in seinem gesellschaftlichen Engagement besonders profiliert hat oder eben einer Berufsgruppe angehört, der man besondere Netzwerkqualitäten schon deshalb zutraut, weil sich die Berufsgruppe und ihre Protagonisten durch besondere Kompetenzen (Ärzte, Anwälte usw.) auszeichnen, für das Netzwerk eine sinnvolle Rolle übernehmen können (Banker, Politiker, hohe Verwaltungsbeamte, Journalisten, Mäzene) oder für das Prestige des Netzwerks nützlich sind (bekannte Sportler, Künstler und hohe Geistliche).

Private informelle Netzwerke Hierbei handelt es sich um kleine informelle Netzwerke, Treffen mit ausgesuchten Gästen, die durch Nähe, gemeinsame Erinnerungen und die ein oder andere sehr persönliche Information eng miteinander verbunden sind. Diese Netzwerke führen nicht selten auch zu gemeinsamen wirtschaftlichen Aktivitäten. Sie bilden sich auf Augenhöhe, soll heißen, jeder der Akteure spielt in seinem Bereich eine herausgehobene Rolle, die Wertorientierungen und Vorlieben sind häufig identisch, Gleiches gilt für die gesellschaftlichen, politischen und wirtschaftlichen Interessen. Die Treffen finden nicht selten an auserwählten besonderen Orten statt, immer sollen diese Treffen herausgehoben anders sein. Natürlich kommt es in solchen Netzwerken auch zu bilateralen Treffen, bei denen es vor allem auch „ums Geschäft" geht.

4.1.2　Netzwerken als Teil des Marketings

Networking ist ein wesentliches Instrument im Marketing. Das klassische Marketing umfasst im Kern die sog. „4 P":

- Produkt: Produktpolitik, wie Alleinstellungsmerkmale des Produkts, Nutzen für den Kunden, Qualität, Styling, Extras usw.
- Price: Preis- und Konditionenpolitik, also auch Themen wie Zahlungsbedingungen, Rabatte usw.
- Place: Distributions- und Vertriebspolitik, Vertriebskanäle, Bezugsorte und Logistik.
- Promotion: Kommunikationspolitik. Hierzu gehört das klassische Direktmarketing ebenso wie die Formen des Online-Marketings und das Networking.

Die Definition des Begriffs „Marketing" in einem bekannten Handbuch legt die Bedeutung des Networkings für das Marketing nahe:

> Marketing ist ein Prozess im Wirtschafts- und Sozialgefüge, durch den Einzelpersonen und Gruppen ihre Bedürfnisse und Wünsche befriedigen und andere Dinge von Wert erstellen, anbieten und miteinander austauschen.[2]

---

[2] Philip Kotler/Kevin Lane Keller/Friedhelm Bliemel: Marketing-Mangement. Strategien für wirtschaftliches Handeln. München (12)2007 (Pearson Studium), S. 11.

Marketing als Austauschprozess impliziert Beziehungsarbeit; die Autoren sprechen von einer langfristigen, vertrauensvollen und für beide Seiten vorteilhaften Beziehung zwischen Kunden, Absatzmittlern, Händlern und Zulieferern.[3] Auch hier wird dem Wert des Vertrauens das Wort geredet. Vertrauen in Netzwerken ist, wie oben bereits ausführlich diskutiert, von der Ökonomie als Wertschöpfungsfaktor anerkannt.

Die Marke ICH – Networking als Form des Selbstmarketings   „Marken" verbinden wir mit gewohnt guten Leistungen und einer unverwechselbaren Verpackung. „Da weiß man, was man hat." Wir geben Markenartikeln häufig den Vorzug vor anderen auch günstigeren Angeboten. Man mag mir den Vergleich zwischen Markenartikeln und Menschen nachsehen. Aber die Voraussetzungen und Wirkungen sind vergleichbar. Wir haben schon über die Erfolgsparameter in Netzwerken gelesen. Wichtig aber ist auch, dass ich zur unverwechselbaren Marke im Netzwerk werde. Das ist doch der mit dem Hut,... der mit den schier unerschöpflichen Kontakten,... die so großartig erzählen kann. Den kennst Du, der ist ein bekannter Kommunikationswissenschaftler, die hat doch diese Fantasy-Romane geschrieben, der war doch Finanzminister. – An Sie denken, heißt ein bestimmtes einzigartiges Leistungsprofil und eine unverwechselbare Erscheinung im Kopf zu haben. Wenn das so ist, dann haben Sie die Marke Ich erfolgreich realisiert.

4.1.3   Grundregeln für die strategische Planung von Netzwerken

Das richtige Netzwerk für mich   Ausgehend von meiner Netzwerk-Mission suche ich nach Netzwerken, die ähnliche Ziele und Werte verfolgen und beginne bei meinem persönlichen und beruflichen Umfeld. Hier kann ich Menschen ansprechen, weil ich sie kenne und sie mir gerne Auskunft geben. Der ein oder andere Kollege hat zum Beispiel mit den unterschiedlichen Berufsverbänden seine Erfahrungen gemacht, die er gerne weitergibt. Die Suche nach Anhaltspunkten für sinnvolle Netzwerke finde ich aber auch im Internet oder in Lexika und Handbüchern über Verbände, Stiftungen und Organisationen. Da meine Netzwerkarbeit häufig in meinem regionalen Umfeld seinen Ausgangspunkt nimmt, kann auch die aufmerksame Lektüre der regionalen Presse spannenden Aufschluss geben.

---

[3] Kotler/Keller/Bliemel 2007, a. a. O., S. 16.

4.1.4 Informelle Netzwerke selbst aufbauen

Erfolg ist, privilegiert und innovativ zu sein Wenn ich das zuvor Geschriebene gelesen habe, keiner besonders privilegierten Berufsgruppe angehöre und erst am Anfang meiner Netzwerkaktivitäten stehe, weil ich Berufsanfänger bin oder gerade mein kleines Unternehmen gegründet habe und über Netzwerke Kunden suche, habe ich verstanden, dass ich die für mich sinnvollen Netzwerke identifizieren muss und – wenn ich Zugang finde – auch aktiv mit gestalten, wenn möglich, auch Verantwortung übernehmen sollte. Gibt es aber auch Möglichkeiten, eigene informelle Netzwerkaktivitäten zu entfalten, mit Hilfe derer ich interessante und möglicherweise auch etablierte Partner gewinnen kann?

Einige Möglichkeiten möchte ich nennen:

Beiräte Wenn ich ein spannendes junges Unternehmen aufbauen möchte, eine innovative, also neuartige Geschäftsidee umsetze, gibt es immer etablierte Persönlichkeiten, die ich in einen beratenden Beirat meines kleinen Unternehmens berufen kann. Das beginnt mit meinem Steuerberater und/oder meinem Anwalt, aber auch namhafte Vertreter/innen meiner Branche, meines Berufsverbandes könnten Interesse haben oder mein Ausbilder, Lehrer oder Professor.

Diese drei bis fünf Personen führe ich auf meinem Briefbogen und signalisiere nach außen Kompetenz. Zwei Mal im Jahr lade ich den Beirat zu einer Sitzung ein, lasse mich kostenlos beraten und bekomme neue Anregungen. Wenn es interessante Begebenheiten in meinem Unternehmen gibt, etwa die Vorstellung neuer Produkte, bitte ich den Beirat dazu und binde die Personen so zusätzlich ans Unternehmen.

Studien – empirische Forschung Viele junge Unternehmer/innen kennen zu wenige potenzielle Auftraggeber, sie fokussieren sich auf 1–3 Kontakte, die sie während der Ausbildung kennen gelernt haben. Der Aufbau eines Unternehmens auf wenige Kundenkontakte ist gefährlich und bietet keine ausreichende Sicherheit beim Ausfall eines oder mehrerer Kunden. Die Fremdakquise bei Unternehmen ist mühsam und überfordert viele Gründer/innen. Wenn es Fragen gibt, die sich alle Branchenangehörigen stellen, wenn es zum Beispiel darum geht zu erfahren, welche Problemlösungen gefordert sind oder welche Trends die Branche kennzeichnen, dann hat sich bewährt, in Zusammenarbeit mit einer Hochschule, der zuständigen Kammer oder mit einem Berufsverband eine Studie aufzulegen. Mit einem Empfehlungsschreiben der jeweiligen Partner bekommt man leicht Zugang zu den jeweils zuständigen Mitarbeitern der Unternehmen, die auch als potenzielle Kunden in Frage kommen. Nicht selten sind die Befragten dann auch die, in deren Kompetenz

Auftragsvergaben fallen. Man lernt seinen Markt kennen, macht sich einen Namen als Fachmann/Fachfrau und lernt potenzielle Auftraggeber persönlich kennen.

Fachtagungen oder Workshops Es ist durchaus auch möglich, sich als Anfänger einen Namen zu machen, wenn man zu kleinen Fachtagungen oder Workshops einlädt, weil es gelingen konnte, sehr gute Referenten zu gewinnen, die neue Erkenntnisse versprechen. Solche Veranstaltungen müssen auch nicht kostenlos sein, sondern können durchaus kostendeckend durchgeführt werden. Es gibt auch Anbieter, die damit viel Geld verdienen.

Publikationen und öffentliche Auftritte Wissenschaftler/innen sind es gewohnt, zu Themen ihres Fachgebiets Aufsätze zu schreiben. Aber es gilt für alle, wenn ich etwas zu sagen habe, aufschreiben und veröffentlichen. Oder regen Sie doch bei Ihrer regionalen Tageszeitung mal eine Aktion an, Leser/innen fragen – Fachleute antworten. Das ist ein bewährtes Format. Wenn Sie zu Ihrem Fachgebiet eine solche Aktion anregen, sind Sie sicher auch dabei.

Man fragt sich häufig, wenn man sog. Fachleute in TV-Programmen erlebt, wer diese denn ausgesucht hat. Bringen Sie sich doch, wenn es in Ihrem Fachgebiet Fragen von allgemeinem Interesse gibt, mal selbst ins Gespräch bei Sendern. Tue Gutes und rede darüber! Das ist die Devise.

Stiftungs- bzw. Vereinsgründungen Führe ich ein Unternehmen, das zum Beispiel im Sozialbereich tätig ist oder eines, das ökologisch sinnvolle Produkte herstellt, importiert oder vertreibt, also ein Unternehmen, das auch einen gesellschaftlich relevanten werteorientierten Hintergrund besitzt, kann es sinnvoll sein, eine gemeinnützige Stiftung oder einen Verein zu gründen, um zusammen mit Gleichgesinnten in exponierter Stellung das Thema gesellschaftlich voranzubringen und/oder auch öffentliche bzw. private Mittel zu beantragen, um das allgemein anerkannte Anliegen zu unterstützen. Sie treten nicht nur als Unternehmer, sondern auch als engagierter Ehrenamtsinhaber auf, gewinnen Profil und Anerkennung.

Die Gründung einer Stiftung setzt ein Stiftungskapital von mindestens 50.000,-€ voraus, das auch nicht ausgegeben werden darf, nur die Zinsen stehen für Ausgaben zur Verfügung. Allerdings ist die gemeinnützige Stiftung auch berechtigt, Spenden in Empfang zu nehmen und für satzungsgerechte Aufgaben auszugeben. Die Gründung eines Vereins ist ungleich günstiger. Es entstehen nur Kosten für den Notar und das Amtsgericht, Kapital benötigt der Verein nicht, er darf aber ebenfalls Spenden annehmen, wenn er gemeinnützig ist. Zur Gründung eines Vereins bedarf es 7 Mitglieder, die eine Satzung unterschreiben. Der ins Vereinsregister eingetragene Verein braucht dann allerdings nur noch drei Mitglieder.

Exklusive Einladungen Namhafte Persönlichkeiten, die für Sie, Ihr Netzwerk und Ihr Unternehmen von großem Interesse sein könnten, erhalten in aller Regel so viele Einladungen, dass sie ohnedies nur einige davon annehmen können. Nach welchen Kriterien wählen sie aus? Sie gehen zu bewährten Veranstaltungen und zu denen, wo man gesehen werden muss. Ansonsten müssen die Events innovativ, also neu und originell sein, oder sie finden an Orten statt, an denen man noch nicht war und mit Menschen, denen man immer schon mal begegnen wollte. Erfolg ist, privilegiert und innovativ zu sein!

Es gelingt Ihnen, einen bekannten Arzt, Schauspieler oder auch Politiker zu einem Hintergrundgespräch einzuladen und Sie lassen in Ihrer Einladung erkennen, dass nur ein ausgewählter Kreis von Freunden teilnehmen darf, der Zuspruch interessanter Persönlichkeiten ist Ihnen gewiss. Was sind originelle Orte, mit denen Sie locken können. Im Süden das Oktoberfest, im Norden die Regattabegleitfahrt zur Kieler Woche. Ja, aber können Sie das finanziell stemmen? Laden Sie doch einmal in die Berliner Unterwelt ein oder an historische Orte, die nicht jeder schon besucht hat oder zu einem Cocktail-Lehrgang. Kochkurse sind auch beliebt. Es muss auch keine Sternekoch sein. Engagieren Sie zum Beispiel mal einen Tapas-Koch oder gewinnen Sie ausländische Mitbürger/innen, die für eine angemessene Entschädigung für Sie und Ihre Gäste exotische Gerichte präsentieren und gemeinsam mit Ihren Gästen auch am Abend Gespräche führen – gelebte Verständigung. Ihre Einladungen müssen aus dem Rahmen fallen! Neu sein! Originell und innovativ sein! Das hat lange nicht immer etwas mit Geld zu tun.

4.2 Die persönliche Arbeits- und Verhaltensebene

> Um Lebenskunst bemüht sich das Individuum, das sich nicht von individualistischer Arroganz leiten lässt, sondern sich selbst zu führen, ein reflektiertes Verhältnis zu sich selbst zu begründen, starke Beziehungen zu Anderen herzustellen und sich an der Gestaltung von Gesellschaft zu beteiligen sucht. (Wilhelm Schmid, Philosophie der Lebenskunst, S. 165)

Besser als der deutsche Philosoph Wilhelm Schmid kann man meiner Überzeugung nach die persönliche Anforderung an den vorbildlichen Netzwerker nicht formulieren, auch wenn Schmid diesen sicher nicht im Kopf hatte.

4.2.1   Persönlichkeitsmerkmale und ihre Bedeutung im Networking

Zum Thema Persönlichkeit, Persönlichkeitsmerkmale und Eignung sind unzählige Bücher geschrieben worden. Alle Wissenschaftler stoßen bei ihren Auswertungen der Untersuchungen unterschiedlichster Menschen auf fünf ähnliche Faktoren, denen Lewis Goldberg den Namen **THE BIG FIVE** gab. Die jeweils positive Ausprägung der Big Five beschreiben Titze und Rischer:[4]

1. **Emotionale Stabilität**
   Bei diesem Faktor wird üblich die negative Form genannt = Neurotizismus. Hier wird die positive Form beschrieben. Menschen, die über diese Eigenschaft verfügen, sind zufrieden und selbstsicher, bleiben ruhig auch bei auftretenden Schwierigkeiten, machen sich keine unnötigen Sorgen, zeigen keine Neigungen zu Depressionen und sind wenig verletzlich.

2. **Extraversion**
   Der Gegenpol wird als Introversion bezeichnet. Extrovertierte legen großen Wert auf enge Beziehungen, unterhalten andere und stehen gerne im Mittelpunkt. Sie verfügen über viel Energie, haben ein hohes persönliches Tempo, sind entscheidungsfreudig und setzen sich für ihre Ziele hart ein.

3. **Verträglichkeit**
   Der Gegenpol besagt Unverträglichkeit. Sie zeigt sich darin, wie diese Menschen über andere denken und wie sie mit ihnen umgehen. Sie sind angenehme Partner mit Mitgefühl, einem weichen Herzen, offen und hilfsbereit. Sie vertrauen anderen, sind eher bescheiden und auch angepasst.

4. **Gewissenhaftigkeit**
   Den Gegenpol nennen wir Undiszipliniertheit. Mit dieser Eigenschaft ist die Verlässlichkeit, Hartnäckigkeit und ein wohlorganisiertes, sorgfältiges Arbeiten verbunden, weiterhin Strebsamkeit, Pflichterfüllung und die Kontrolle eigener Impulse.

5. **Offenheit für neue Erfahrungen**
   Nennen wir den Gegenpol Konservatismus. Sie (die Offenheit) könnte auch mit positiver (intellektueller) Neugierde, vielseitiger Interessiertheit, Suche nach originellen Ideen, Ausprobieren von Neuem, wählen ungewöhnlicher Darstellungen, Ablehnung strenger Regeln und Autoritäten beschrieben werden.

---

[4] Christa Titze/Klaus Rischar: Methoden der Persönlichkeitsanalyse. Menschen beurteilen und auswählen. Renningen-Malmsheim 2001 (expert-Verlag), S. 36 f.

Wünschenswert ist bei allen fünf zentralen Eigenschaften nicht die extreme Ausprägung, sondern eine ausgewogen positive Struktur. Wir kennen etwa alle die
besonders extrovertierten Menschen, die niemanden zu Wort kommen lassen und
sich anschließend für das anregende Gespräch bedanken. Auch besonders angepas-
ste oder strebsame Menschen oder auch die, die alles Neue ausprobieren müssen,
werden nicht selten als störend und anstrengend empfunden. Auch werden die
Big Five nicht alle vereint in einer Person auftreten. Fest steht aber, dass eine eher
positive Veranlagung mit diesen Eigenschaften sich stets im Zusammenleben mit
anderen bewährt hat.

Ich möchte es bei dieser Darstellung der Big Five belassen und zwei Begriffe in
die Diskussion einführen, die fürs Netzwerken von besonderer Relevanz sind.

4.2.2 Empathie und Authentizität

Da ist zunächst die Empathie oder nennen wir sie die soziale Anpassungsfähigkeit.
„Ich verbiege mich nicht und verkleide mich auf keinen Fall." So oder ähnlich
antworten mir Menschen, die ich auf Gespräche mit Investoren und Vertretern
von Fördereinrichtungen vorbereiten möchte und rate, sich auf die Erwartungen
der Gesprächspartner einzustellen. Wenn ich berichte, dass bei Erstkontakten fast
2/3 der Menschen auf den äußeren Eindruck achten und sich so eine erste Meinung
bilden, für jeden Dritten die Stimme prägend ist und nur 10 % auf den Inhalt
des Gesagten abstellen, ernte ich nicht selten Skepsis oder gar Trotz. Natürlich
verschieben sich Eindruck und Relevanz im Laufe eines Kontaktes, aber da muss
ich erst einmal hin. Es hat sich in den letzten Jahren und Jahrzehnten vieles – gerade
in Bezug auf das Äußere – entspannt und doch können Erwartungshaltungen nicht
außer Acht gelassen werden.

Ich möchte, gerade wenn es um Investoren oder auch Kunden geht, Vertrauen
wecken und mein Gegenüber von mir, meinen Ideen und Produkten bzw. Dienstleistungen überzeugen. Das geht nicht nach dem Prinzip „Friss' Vogel oder stirb!"
Ich wundere mich immer wieder, wie wenige sich vor einem Erstkontakt über den
Menschen, den ich neu kennen lerne, näher informieren, ins Netz schauen, andere
befragen, um etwas über Einstellungen, Lebensart und Präferenzen zu erfahren. Ich
verbiege mich nicht, ich zeige Respekt vor meinem Gesprächs*partner*.

Der zweite zentrale Begriff ist die Authentizität. Authentizität bedeutet Echtheit,
Glaubwürdigkeit. Ich gebe mich, wie ich bin, nicht aufgesetzt, sondern natürlich.
Wie passt das denn zur Empathie? Eben wurde mir gesagt, ich solle Rücksicht nehmen auf Befindlichkeiten meines Gesprächspartners. Die Aussage, die ich vermittle,
muss sein: „Ich habe mein eigenes Profil, das sollst Du kennen. Das erwartest Du

auch von mir. Aber ich möchte mit Dir zusammen arbeiten und zeige Respekt vor
Dir und Deinem Profil. Ich möchte Dich überzeugen und nicht überrumpeln. Mein
Anliegen ist der Dialog, der zu gegenseitigem Vertrauen führen soll." Manchmal
sicher ein Akt der Balance. Darum jetzt einige Hinweise und Anregungen zu Kontakt, Umgangsformen, Gesprächstechniken und zu dem, was unsere Körper sagen,
auch wenn wir schweigen.

4.2.3   Erstkontakt und Umgangsformen

Wenn ich vom „Erstkontakt im Networking" spreche, meine ich vor allem die vielen Veranstaltungen, die häufig als „Get together" bezeichnet werden, auf denen
ich – wie der Begriff schon suggeriert – zusammen kommen soll mit anderen, für
die ich mich vermeintlich interessiere. Das aber setzt voraus, dass ich weiß, wer
da alles für ein Zusammenkommen bereit ist. Leider stehen Anwesenheitslisten –
wenn überhaupt – erst auf der Veranstaltung selbst zur Verfügung, und sie enthalten nie Kontaktdaten und selten nähere Informationen zu den Personen, sondern
überwiegend nur Hinweise auf das Unternehmen oder die Organisation, denen sie
angehören. Bei themengebundenen Treffen kann ich zumindest ein gemeinsames
inhaltliches Interesse unterstellen.

Weil ich zu wenig Informationen über die anderen Gäste habe, stelle ich mich
folgerichtig erst einmal zu denen, die ich kenne und verspreche mir, dann nach
einer Aufwärmphase neue Kontakte offensiv anzugehen. Leider geben zu viele diesen guten Vorsatz wieder auf und warten – wie immer – darauf, von anderen
angesprochen zu werden. Aber verzweifeln Sie nicht an sich. So geht es den meisten
Menschen, denn Kontaktaufnahme als „Fremdakquise" hat viel mit Überwindung
von Ängsten zu tun. „Störe ich da nicht, wenn ich jetzt hingehe? Werde ich wo-
möglich abgewiesen? Was soll ich denn sagen?" Das sind die quälenden Fragen, die
sich die meisten Teilnehmer/innen an solchen Veranstaltungen stellen.

Überwinden Sie Ihre Scheu. Was kann Ihnen denn passieren. Einer, der auf ein
„Get together" geht, zeigt Ihnen schlimmsten Falls, dass er hier nicht hingehört,
weil er nicht offen und gesprächsbereit ist. Er zeigt Schwäche, nicht Sie. Nehmen
Sie eine ablehnende Haltung, wenn sie denn überhaupt gezeigt wird, sportlich. Sie
hat mit Ihnen ganz selten etwas zu tun, die Ursachen liegen beim Angesprochenen
selbst, es sei denn, Sie platzen in eine vertraute Gesprächsrunde herein, was aber
regelmäßig deutlich erkennbar ist, bevor man sich der Runde nähert. Wichtig
ist auch hier Ihre Körpersprache. Gehen Sie offen auf Menschen zu, lächeln Sie
freundlich, signalisieren Sie Neugier, Interesse und Respekt. Da kommt einer, der
könnte die Runde bereichern, müssen Sie ausstrahlen.

Was Sie auf alle Fälle vermeiden sollten, sind Belehrung, Prahlerei, Dominanz im Gespräch und das Schlechtreden über andere.
Sie wollen doch erfahren, ob der neue Kontakt für Sie als Netzwerkpartner interessant ist. Also versuchen Sie, möglichst viel über ihn zu erfahren, ohne zu insistieren. Suchen Sie im Gespräch nach Gemeinsamkeiten und Anknüpfungspunkten.

4.2.4   Gesprächstechniken beim Netzwerken

Beim Kennenlernen geht es häufig mit dem Small-Talk los. Er braucht keine anspruchsvollen Themen, keine professionellen Formulierungen, er lebt vom Interesse am Anderen. Beim Netzwerken geht es um Kommunikation auf Augenhöhe. Dazu eignet sich am besten eine nicht einflussnehmende Gesprächstechnik, das „Erkennbare Zuhören". Diese Technik zum aufmerksamen Umgang und zum besseren Verständnis meiner Netzwerkpartner bezieht sich auf die klientenzentrierte Gesprächspsychologie nach Carl Rogers und Reinhard Tausch und fand ihre Weiterentwicklung in der sog. „Gewaltfreien Kommunikation" Marshall B. Rosenbergs. Rosenberg empfiehlt, mit allen Formulierungen ganz bei dem jeweiligen Gesprächspartner zu bleiben: „Sie sagen, es ist. . . ". Die Aussagen des Gesprächspartners nicht qualifizieren, sondern signalisieren, das man den Gesprächspartner nur richtig verstehen möchte.[5]

4.2.5   Netzwerken ist Bühne. Körper, Sprache und Atmung, Gestik und Rhetorik

Das Leben ist Bühne. Wer sich nicht verstecken will, den Kontakt zu anderen nicht scheut und so nach Sinn und Glück strebt, der ist Teil einer Aufführung, vieler Aufführungen und seine Fähigkeit, in Netzen zu denken und sie zu leben, ist wichtiger Teil seines Repertoires. Es gibt Menschen, die betreten einen Raum und nehmen ihn für sich ein. Sie stehen unweigerlich im Mittelpunkt der Aufmerksamkeit – wir sprechen von charismatischen Persönlichkeiten mit starker Aus*strahlung*. Das ist nicht jedem und jeder gegeben und doch können wir alle viel dafür tun, nachhaltig und positiv von anderen wahrgenommen zu werden.

---

[5] Hierzu näher Müller/Flieger/Krug 2011, a. a. O., S. 94 ff.

Auf Menschen zugehen mit dem richtigen Augenmaß Die Menschen bewegen sich bei ihren Auftritten zumeist zwischen Dominanz und Unsicherheit. Das Anderen-Imponieren-Wollen als Spielform der Dominanz kommt nie gut an, aber auch Menschen, die mangelndes Selbstvertrauen und Unsicherheit dokumentieren, sind eher „Lichtnehmer" als „Lichtspender" und werden gemieden.

Es gilt, das richtige Augenmaß zu finden, auf Menschen offen zuzugehen, erst einmal Kommunikationsbereitschaft und das Interesse an anderen zu signalisieren. „Ich weiß nicht, wer du bist, aber gerade das macht dich so spannend für mich."

Der Raum und ich Es gibt sehr unterschiedliche Räume, in denen man auf andere trifft: große und kleine, lange Schläuche und quadratische, dunkle und helle, unpersönliche und Räume mit Atmosphäre. Ich betrete jeden Raum mit dem Ziel, den besten Platz für die zu erwartende Kommunikation einzunehmen. Das ist an langen Tischen selten der Platz am Kopf der Tafel, sondern in der Mitte, die es mir ermöglicht, möglichst vielen aufmerksam zuhören zu können und mit ihnen ins Gespräch zu kommen. Bei Räumen kommt es darauf, welche Rolle ich spiele, welche Funktion ich übernehmen möchte. Habe ich einen bloßen Beobachterstatus, dann brauche ich einen Platz mit Überblick. Will ich aktiv eingreifen, dann muss ich mich dort platzieren, wo ich gesehen und gut gehört werden kann. Stimme ich mit der Veranstaltungsleitung überein, suche ich ihre Nähe, bin ich anderer Auffassung und stehe den Kritikern nahe, ist Abstand geboten, ohne ins Abseits zu geraten.

Wenn ich in einem Raum als Redner auftrete, nicht immer nur vom Pult aus sprechen, durchaus bei sicheren Passagen auf die Zuhörer/innen zugehen und Nähe zu ihnen signalisieren.

Ohnedies gilt, wer frei spricht, kommt immer besser an. Ich kann die Hemmungen davor gut verstehen, denn auch ich brauche nach 40 Jahren Praxis immer noch ein Manuskript „für alle Fälle". Aber mir ist das Wort eines Präsidenten des Schleswig-Holsteinischen Landtags, dem ich neun Jahre angehören durfte, noch gut im Ohr: „Mein Damen und Herren Abgeordneten, ich darf sie daran erinnern, dass hier ist kein Vorlesewettbewerb."

Stimme, Sprache und Rhetorik Es gibt ein paar Binsenweisheiten, die aber wiederholt werden müssen, weil viele Redner sie nicht beherzigen. Dazu gehört die Notwendigkeit einer klaren und verständlichen Sprache, kurzer Sätze und konkreter Beispiele. Das Erzählen kleiner Geschichten als narrative Erholung zwischen Daten und Fakten ist erwünscht, darf aber nicht zur Lebensbeichte verkommen. Witz und Satire sind erlaubt, Zynismus sollte vermieden werden. Gleiches gilt für die Ääähs und andere Unannehmlichkeiten.

Sie sprechen zu anderen, nicht mit sich selbst. Heben Sie den Kopf und füllen Sie mit Ihrer Stimme den ganzen Raum. Variieren Sie leisere und laute Töne. Die Variation als dramaturgisches Element.

Schauen Sie die Menschen an, die Ihnen zuhören, aber verharren Sie nicht zu oft bei wenigen Zuhörern und Zuhörerrinnen, weil sie Ihnen sympathisch sind oder besonders wichtig scheinen. Das ganze Auditorium will Ernst genommen sein.

Schwieriger ist es mit der Frage, bekenne ich mich zum Beispiel zu meiner politischen Position oder verhalte ich mich neutral? Hier spielt meine Position und die Erwartungshaltung der Zuhörer eine wichtige Rolle. Das sollte von Fall zu Fall abgewogen werden.

Rhetorik gilt für die einen als „Hohe Schule" der Redekunst, andere kritisieren, sie stelle Eloquenz in den Dienst der Agitation und verzichte häufig aufs Argument, auf sachlichen Diskurs und aufklärerische Belehrung. Wie auch immer – als Redner überzeugen kann nur der, der seine Zuhörer/innen trotz vieler Fakten und seriöser Informationen fesselt, emotionalisiert und bewegt. Walter Jens fasst es in seinem Buch „Die Vernunft der Redekunst" so zusammen: „Wie kann Vernunft sprachmächtig und Denken praktisch werden? Wie lässt sich das richtig Erkannte in überzeugendem Apell, in herzbewegender Argumentation einsichtig machen?"

4.2.6   Körpersprache anderer verstehen lernen

Eine besondere Aufmerksamkeit möchte ich auf das ganz außerordentlich interessante Thema der Körpersprache (Kinesik) legen. Unsere ureigene Körperbotschaft ist eine Mischung aus genetischer Bestimmung, Erziehung und Erfahrung. Überprüft wird diese Botschaft selten bis nie – wir „funktionieren" einfach irgendwie. Diese Botschaft lässt sich aber überprüfen und durchaus anpassen an das, was wir verkörpern wollen. Die Körpersprache erleichtert aber auch das Kennenlernen anderer. Ich möchte mit Hilfe weniger Beispiele verdeutlichen, wie verräterisch oder auch hilfreich Körpersprache sein kann.

Mit Händen sprechen   Es geht mit dem Händedruck los. Wie selbstverständlich und offen kommt eine/r auf mich zu, wie viel Abstand oder Nähe sucht sie/er? Der Händedruck zeigt wie kaum eine andere Interaktion den Standpunkt meines Grüßenden zwischen Dominanz, ausgewogenem Interesse und Unsicherheit. Was macht die zweite Hand? Hängt sie Abstand wahrend herab oder berührt sie gleichzeitig zum Händedruck meine Schulter und zeigt mir so, ich bin besonders willkommen.

Meine Körperhaltung und Mimik als Sprache Denken Sie an das Gestikulieren beim Sprechen: Die Richtung weisende Hand, die kämpferisch oder drohend geballte Faust, der belehrende Zeigefinger, die offenen oder verschränkten Arme und Hände, der gesenkte Kopf, der Nachdenklichkeit oder gar Ratlosigkeit signalisiert, der erhobene, leicht nach hinten geneigte Kopf ermöglicht das kritische Herabblicken auf den Gesprächspartner. Wenn sich Kopf und Blicke dann noch anderen zuwenden, droht das Gespräch zu scheitern. Wer den Kopf zur Seite neigt, ist entspannt und vermittelt Zutrauen.

Achten Sie auf die Augen. Solange Sie Interesse und Kompetenz vermitteln, werden die Augen fest auf Sie gerichtet sein. Leichtes Nicken mit dem Kopf signalisiert Zustimmung. Zu häufige Wiederholung des Nickens eher Anbiederung. Starre Gesichtszüge vermitteln Skepsis oder gar Ablehnung, ein offenes Lächeln zwischendurch zeigt, dass Ihr Gesprächspartner Ihnen entspannt mit wohlwollender Einstellung folgt.

Da gibt es noch die sog. Übersprunghandlungen und Übersprungbewegungen: Ihr Gegenüber beginnt, sich die Haare zu zwirbeln, die Hand ins Gesicht zu führen, auf die Uhr zu schauen. Dieses oft vom Beobachter als unpassend empfundene Verhalten geht auf die „Instinkttheorie" von Konrad Lorenz zurück und begleitet Unsicherheit, Unduldsamkeit oder auch Langeweile.

4.3   Erfolgreich im digitalen sozialen Netz

Die Geschichte des Internets, wie wir es heute kennen, ist gerade einmal etwas mehr als zwanzig Jahre alt. Der Web 2.0-Gedanke war bereits in den ersten Stunden des Web 1.0 geboren. In der Web 1.0-Phase war es nur Spezialisten vorbehalten, Inhalte ins Netz stellen zu können, weil die Hürden (finanziell und technisch) zu groß für Privatanwender waren. Inhalte mussten aufwendig programmiert werden und Webauftritte waren lediglich eine Art elektronische Visitenkarte – das Web war bis ca. bis 2004 ein reines Abrufmedium, elektronische Kommunikation fand meist per E-Mail statt.

Ab 2004 fiel der von Tim O'Reilly geprägte Begriff Web 2.0 immer häufiger. 2.0 ist hierbei eine Anspielung auf die Namensgebung bei der Weiterentwicklung von Softwaregenerationen. Kennzeichnend für die Web 2.0 Ära sind eine Reihe von Veränderungsprozessen: Das Internet erhielt eine weitaus stärkere soziale Komponente, Beziehungen stehen immer mehr im Vordergrund – vom Abrufmedium zum Social Web. Das Neue am Web 2.0 ist, dass der Web-Nutzer nicht nur

Konsument (Consumer) der Inhalte ist, sondern auch gleichzeitig Produzent (Prosumer). Der Web-Nutzer von heute publiziert selbst erstellte Inhalte, kommentiert, korrigiert und bewertet Inhalte anderer Web-Nutzer. All diese Möglichkeiten des gegenseitigen Austauschs verleihen dem Web 2.0 eine starke soziale Komponente. Das Internet befindet sich derzeit im Übergang vom Web 2.0 zum Web 3.0. Das Web 3.0 wird auch als „denkendes Web" oder „semantisches Web" beschrieben. Das Web 3.0 soll in der Lage sein, alle Daten, die im Netz zur Verfügung stehen, auftragsgemäß zu bewerten und dem Auftraggeber zielgenau die gewünschte Information zu übermitteln, alles andere aber zu negieren. Dazu müssen alle im Internet vorhandenen Daten mit einer eindeutigen Beschreibung ihrer Bedeutung (Semantik) versehen werden, die auch von Computern verstanden und verarbeitet werden kann. Es geht also auch um „künstliche Intelligenz".

4.3.1 Eigenmarketing im Internet

Mit dem folgenden Abschnitt wechseln wir die Betrachtungsebene. Bisher standen soziale Netze im Sinne von persönlichen Bekanntschaften im Zentrum der Betrachtung. Wie gezeigt, können derartige Netze willentlich vorangetrieben werden; eine strategisch-planerische Dimension ist also gegeben. Aber dennoch handelt es sich um ein personales Phänomen, nämlich um eine Beziehungsarbeit von Mensch zu Mensch. Ich hatte angeführt, dass sozialen Netzen im Internet wesentliche Elemente, die eine zwischenmenschliche Kommunikation begründen, fehlen, nämlich Körpersprache, Vertrauen, Respekt, Empathie, Zuverlässigkeit, Berechenbarkeit, Moral. Das Soziale an den sozialen Netzwerken bezieht sich eher auf die *Ermöglichung von Kontakten*, aus denen erst in einem weiteren Prozess Beziehungen werden können. Allerdings machen die folgen Kurzbeschreiben der entsprechenden Plattformen und ihrer Arbeitsweise deutlich, das gerade Kategorien wie Vertrauen oder Zuverlässigkeit an Bedeutung gewinnen.

Das Internet als perfekte Hybridform (Mischform), welche sowohl den kommerziellen Markterfordernissen perfekt entspricht als auch der Gemeinschaftsbildung dienen kann, wird als Vermarktungsinstrument zunehmend erkannt und professionalisiert. Diese Entwicklung wird unter dem Begriff *Social Media Networking* gefasst: Die sozialen Netze werden zum Marketing-Instrument. Es ist dies ein unter den Gesichtspunkten von Absatz und Gewinn ganz besonders interessanter Aspekt von Networking, auf den ich näher eingehen möchte. Wenn ich mich jedoch selbst, d. h. meine eigene Profilierung und Karriere als ein auf dem Markt zu platzierendes Produkt begreife, dann erhalten diese Tools eine ganz eigene Bedeutung. Ich möchte darum auch auf dieses Potenzial des Internets für die Netzwerkarbeit eingehen. Das Internet, welches – wie beschrieben – eine Hybridform ist, eignet sich auch für etwas, was man gemeinhin *Eigenwerbung* nennt. Diese Eigenwerbung ist die Werbung für mich selbst; in gewisser Hinsicht betrachte ich mich als Marke, deren Bekanntheitsgrad gesteigert werden soll. Wir erkennen an dieser Stelle bereits, dass ein gewisses betriebswirtschaftliches Denken in das Verständnis unserer Gesellschaft einsickert. Eigenwerbung hilft mir, jene Verbindungen zu bekommen, die meine Karriere und mein berufliches Ansehen fördern.

In der Wirtschaft ist eine Marke eine emotionale Reaktion auf das Image oder den Namen eines bestimmten Unternehmens, Produktes oder Menschen. In einem sehr empfehlenswerten Buch beschreiben Erik Deckers und Kyle Lacy, wie Sie, verehrte Leserinnen und Leser, zur Marke werden, indem Sie dafür sorgen, dass die Leute die richtige emotionale Reaktion erleben, wenn sie Ihren Namen hören, Ihr Bild im Internet sehen oder Sie persönlich treffen.[6] Die Autoren legen besonderen Wert auf die Potenziale des Internets, das erlaubt, Expertenwissen zu publizieren, etwas zu verkaufen, eine Meinung zu äußern, ein Hobby zu teilen, einer Gemeinschaft anzugehören oder einfach Geld zu verdienen. Die verschiedenen Plattformen hierfür folgen unterschiedlichen Logiken. Aber stets erlauben sie, mich mit meinen Erfolgen und Qualifikationen einzubringen. Es geht darum, aus einem Kontakt eine Beziehung zu machen, also *Vertrauen aufzubauen*. Auf den entsprechenden Plattformen geschieht dies durch inhaltliche Qualität, Empfehlungen, Mitarbeit und eine gewisse Regelmäßigkeit. Eine entsprechende *Ich-Marken-Kampagne* erfordert darum auch Disziplin. Deckers und Lacy schlagen daher einen Aufgabenplan vor (Tab. 4.1).

Neben diesem ganz persönlichen Vorgehen hat inzwischen die Wirtschaft die Social Media für ihre Zwecke entdeckt. Das entsprechende Stichwort lautet *Social Media Marketing* – SMM. Auch dieser Ansatz soll hier kurz vorgestellt werden, weil er den Erfolg eines Unternehmens betrifft. Etwas ganz anderes, was die Zielsetzung betrifft, ist das sog. *Crowdfunding*. Aber auch hier kommen Potenziale des Internets zum Tragen, die zum Beispiel auch in der Kreativwirtschaft eine Rolle spielen. Diese Form der Netzwerkarbeit erlaubt die Finanzierung von Projekten, wie Filme oder Events. In Verbindung mit der personalen Netzwerkarbeit schließt sich damit der Kreis zu dem hier vorgestellten Thema „Erfolgreich denken und arbeiten in Netzwerken".

---

[6] Erik Deckers/Kyle Lacy: Die Ich-Marke. Erfolgreiches Eigenmarketing mit Social Media. München 2012 (Addison Wesley).

Tab. 4.1 Aufgabenplan für eine Ich-Marken-Kampagne nach Deckers und Lacy. (Quelle: Deckers/Lacy 2011, a. a. O., S. 176)

Täglicher Aufgabenplan. Führen Sie die folgenden Aktivitäten jeden Tag aus

Facebook

Eine Statusmeldung einstellen

Die Nachrichten und Kommentare auf Ihrer Pinnwand beantworten

Mindestens fünf Leuten aus Ihrer Gegend die Freundschaft antragen

An einen Freund eine Nachricht mit persönlichem Inhalt schicken

Twitter

10 Leuten folgen

Mit HootSuite oder einem anderen Twitter-Tool fünf Nachrichten für den Versand über den Tag vorfertigen

Auf @replies reagieren

Direktnachrichten auf Twitter beantworten

Eine Tweet schreiben, der Ihre Follower auffordert, einem Freund zu folgen

LinkedIn/XING

Mit zwei Leuten Kontakt aufnehmen oder um Vorstellung bitten

Eine Person wegen eines persönlichen Networking-Treffens ansprechen

Blogging

Auf zwei Blogs Kommentare hinterlassen

Einen Blog-Beitrag schreiben

Wöchentlicher Aufgabenplan

Facebook (wöchentlich)

Eine Erfolgsgeschichte erzählen

Eine lustige Geschichte erzählen

Gute Neuigkeiten verkünden

Ein Bild hochladen

Für etwas werben

LinkedIn/XING (wöchentlich)

Eine Frage an eine LinkedIn-Gruppe stellen

Eine Frage aus einer LinkedIn-Gruppe beantworten

Twitter (wöchentlich)

Fünf followfriday-Tweets verschicken

4.3.2   Die Nutzung sozialer digitaler Netwerke

Was macht das Web nun so sozial, wenn sich die Netzteilnehmer gar nicht persönlich begegnen?[7]

*   Jeder kann publizieren.
*   Jeder kann sich in Dialoge begeben.
*   Jeder kann ein Feedback geben.
*   Die Sprachform ist oft ungezwungen.
*   Wissen steht überall zur Verfügung und wird geteilt.
*   Die Hierarchien sind flach.
*   Vernetzte Gemeinden ermöglichen ein Wachstum an Reputation.
*   Die Vernetzung findet auf einfacherem Wege statt als in der analogen Welt.

Soziale Netzwerke sind inzwischen das am schnellsten wachsende Phänomen im Web. Dabei haben sie die außerordentliche Kraft, Marketingregeln grundlegend zu verändern. Zwei Drittel der weltweiten Internetgemeinde besuchen regelmäßig soziale Netzwerke. In den Industrienationen liegt dieser geschätzte Anteil noch höher. Die Verwendung von sozialen Netzwerken wächst dreimal so schnell wie die Internetverwendung im Allgemeinen und macht damit rund 10 % aller Onlineaktivitäten aus. Einige Zahlen vom deutschen Markt:[8] [9]

*   53 % der deutschen Internetnutzer waren in 2011 zu privaten Zwecken in sozialen Netzwerken unterwegs
*   29,6 Mio. Menschen (im Alter ab zehn Jahren) kommunizierten über soziale Medien
*   Frauen aller Altersgruppen kommunizierten häufiger privat als Männer über soziale Netzwerke
*   berufsbezogene Kontakte nutzten dagegen Männer (11 %) häufiger als Frauen (7 %)
*   insgesamt beteiligte sich knapp jeder zehnte Internetnutzer aus beruflichen Gründen in sozialen Netzwerken (9 % oder 5,3 Mio. Menschen)

---

[7] Viele Anregungen erhielt ich aus dem Buch von Marie-Christine Schindler/Tapio Liller: PR im Social Web. Das Handbuch für Kommunikationsprofis. Beijing usw. 2011 (O'Reilly Verlag), hier S. 6 ff.

[8] Private Nutzer Sozialer Netzwerke in Deutschland in 2011. Zahlen des Statistischen Bundesamtes – Pressemitteilung vom 16.05.2012

[9] https://www.destatis.de/DE/PresseService/Presse/Pressemitteilungen/2012/05/PD12_172_63931pdf.pdf?__blob=publicationFile

- Deutschland liegt bei der Nutzung sozialer Netzwerke im Privatbereich im
  Mittelfeld (Betrachtung: Internetnutzer im Alter von 16 bis 74 Jahren)
  - EU-Durchschnitt 53 %
  - Deutschland 52 %
  - Lettland 79 %
  - Ungarn 76 %
- Deutschland liegt bei der Nutzung sozialer Netzwerke im Businessbereich genau
  beim EU-Durschnitt
  - EU-Durchschnitt 10 %
  - Deutschland 10 %
  - Niederlande 21 %
  - Finnland 20 %

Entscheidend ist nach Ansicht der amerikanischen Forscher Charlene Li und Josh
Bernoff vom Forester Research Institute, das veränderte Verhalten der Internetnutzer, welches je nach Grad der Beteiligung nach sieben Gruppen klassifiziert
wurde.[10] Es wird das Groundswell Modell genannt:

1. Inaktive (Inactives): Möglicherweise hält sich diese Gruppe im Internet auf,
   nutzt jedoch keine der neuen Technologien.
2. Zuschauer (Spectators): Sie konsumieren zumeist Blogs, Posts, Video, Potcasts
   etc. Es ist die größte Gruppe, gerade im Alter zwischen 18 und 24 Jahren.
3. Mitmacher (Joiners): Sie sind selbst aktiv in sozialen Netzwerken, je jünger die
   Nutzer, desto größer die Beteiligung.
4. Sammler (Collectors): Diese Gruppenmitglieder sammeln und organisieren
   Inhalte von z. B. Kreatoren. Oft verwenden sie Inhalte aus abonnierten RSS-
   Feeds, verschlagworten diese oder verteilen Gewichtungen.
5. Kritiker (Critics): Sie reagieren auf Inhalte im Web, schreiben Blogkommentare
   oder auch Kommentare in Onlineforen oder bearbeiten Wikis. Es handelt sich
   hier oft um eine recht kleine Gruppe, die sowohl kritisch als auch kreativ ist.
6. Plauderer (Conversationalists): Mitglieder dieser Gruppe äußern sich mindestens einmal in der Woche zu Themen und zu Meinungen anderer Nutzer in
   sozialen Netzwerken.
7. Kreatoren (Creators): In dieser Gruppe finden sich diejenigen, die mindestens
   einmal im Monat Blogartikel verfassen, Online-Artikel, Fotos, Videos etc. hochladen und/oder eine eigene Website unterhalten. Die Zahl der Kreatoren wird
   mit wachsendem Gebrauch von Smartphones und steigender mobiler Nutzung
   weiter wachsen (Abb. 4.3).

---

[10] Siehe hierzu Marie-Christine Schindler/Tapio Liller: PR im Social Web. Das Handbuch für
Kommunikationsprofis. Beijing usw. 2011 (O'Reilly Verlag), S. 24–26.

Abb. 4.3 Online-Zeit ist vor allem Social-Media –Zeit. (Quelle: Übersicht Online Zeit – Zahlen aus Dezember 2011. http://www.socialmediastatistik.de/die-meiste-zeit-verbringen-deutsche-onliner-auf-sozialen-netzwerken)

Die folgende Grafik zeigt die Altersverteilung der Nutzer sozialer Netzwerke (Abb. 4.4, Vgl. https://www.destatis.de/DE/PresseService/Presse/Pressemitteilungen/2012/05/PD12_172_63931pdf.pdf?__blob=publicationFile).

Es gilt jedoch, eine wichtige Tatsache zu beachten: Zwar kann mittlerweile jede/r komplikationslos Inhalte ins Web stellen, wer macht dies jedoch tatsächlich? Es sind nur wenige Onlineaktive im Social Web unterwegs. Der dänische Werbespezialist Jakob Nielson fasste dieses Phänomen, das sich über alle Plattformen zieht. in der Ein-Prozent-Regel, die auch 90-9-1-Regel genannt wird, zusammen.[11] Sie besagt:

---

[11] Schindler/Liller 2011, a. a. O., S. 7 f.

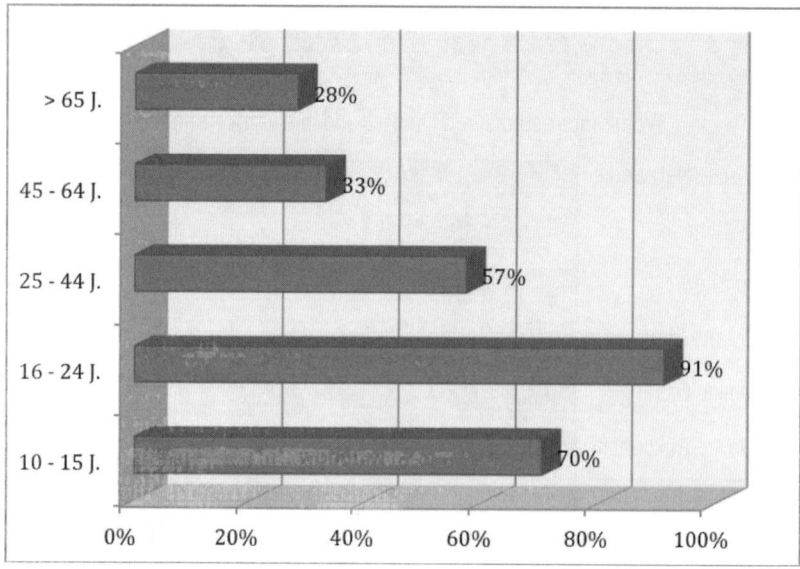

Abb. 4.4 Private Nutzer Sozialer Netzwerke in Deutschland in 2011. (Quelle: Private Nutzer Sozialer Netzwerke in Deutschland in 2011. Zahlen des Statistischen Bundesamtes – Pressemitteilung vom 16.05.2012 – 172/12)

- 90 von 100 Netzusern sind lediglich inaktive Zuschauer,
- 9 von 100 Netzusern kommentieren Geschriebenes,
- 1 von 100 ist aktiv und publiziert Inhalte.

Es existiert also eine Asymmetrie von Konsumenten und Produzenten bzw. Multiplikatoren.

4.3.3 Plattformen für digitale soziale Netze

Es geht im Folgenden um die gar nicht so geheimnisvollen Begriffe Blog, Twittern, XING, LinkedIn und natürlich Facebook.

Um sich in der Welt der Blogs aufhalten zu können, muss zunächst eine Webpräsenz auf einer Bloggerplattform wie „Blogspot.com" oder „WordPress.com" angemeldet sein. Blogs waren die ersten sozialen Netzwerke und wurden ursprünglich von Einzelpersonen als eine Art Onlinetagebuch verfasst. Heute haben sich die zugkräftigsten Blogs schon zu interaktiven Onlinezeitungen entwickelt. Blogs sind aus verschiedenen Gründen wichtig:

• Sie ermöglichen das Teilen von Expertenwissen.
• Blogs beeinflussen das Kaufverhalten von Kunden, wenn meinungsführende Blogger Produkte empfehlen.
• Unternehmen bloggen selbst, um zu vermarkten und indirekt zu verkaufen, indem ausführliche Produktinformationen geliefert werden.
• Leidenschaften und spezielle Interessen können über Blogs geteilt werden.
• Interessen teilen bringt es mit sich, dass sich Gleichgesinnte begegnen und als solche auch untereinander entdeckt werden.
• Freiberufliche Blogger schreiben als Internetvertriebspartner (Affiliate Partner) und stellen die Beiträge zur Verfügung.[12] Sie verdienen damit Geld.

Ein Blog lebt mehr von einem Spezialthema als von einem Sammelsurium an Themen. Bei der Konzentration auf Nischenthemen wird ganz deutlich, dass der Schreiber eine Expertise auf diesem Gebiet besitzt und das macht anziehend für Interessenten. Blogleser, das können auch Organisationen oder (andere) Unternehmen sein, suchen nicht das Allgemeine, sie suchen fast immer nach Spezialthemen. Damit ist die Qualität der Beiträge das Wichtigste bei einem Bloginhalt. Weil sich Leser an gewisse Zeiten gewöhnen, empfiehlt sich eine gewisse Regelmäßigkeit. Und um den Suchmaschinen das Auffinden eines Beitrags zu erleichtern, sollte man entsprechende *Keywords* im Text einbauen.

„Tweeten" (engl. für Zwitschern) ist trotz der limitierten Form der Kommunikation ein sehr effektives Werkzeug auf dem Weg zur Markenbildung. Twittern bietet:[13]

• Sie ist eine der wichtigsten Plattformen auf dem Weg zum persönlichen Branding.
• Einbringen von Fachwissen, selbst mit Hilfe sehr kurzer Nachrichten.
• Die eigene Marke vermarkten und verkaufen.
• Direkte Kommunikation mit potenziellen Kontakten möglich, neben der Verbreitung von Nachrichten an viele Kontakte.
• Es existieren viele Recherchemöglichkeiten, gutes Eruieren der Zielgruppen möglich.

---

[12] Deckers/Lacy 2012, a. a. O., S. 63 ff.
[13] Deckers/Lacy 2012, a. a. O., S. 120 f.

- Einfache Beobachtung der Konkurrenz möglich.
- Einfaches Finden von Gleichgesinnten, die dann ins Netzwerk aufgenommen werden können.
- Mit Twitter kann man den Traffic auf der eigenen Seite positiv nach oben bewegen durch Verlinken z. B. von Blogbeiträgen auf Twitter.

Auch bei diesem Tool muss zunächst ein Profil mit einem Namen angelegt werden, das relevante Informationen enthalten sollte und auf das Sie Menschen als sog. *Follower* ziehen. Nun können Sie Tweets an andere Nutzer richten, indem Sie Fragen stellen oder Neuigkeiten verkünden. Je reichhaltiger der Inhalt ist, umso mehr Leute lesen ihn. Und wenn Sie Informationen über sich in die Welt entlassen, gilt: Seien Sie Sie selbst und kein Fake!

Facebook ist heute das größte soziale Netzwerk seiner Art. Es zeichnet sich unter anderem durch folgende Eigenschaften aus:

- Es ist ein gutes Werkzeug, um Kontakte aufzubauen und in Kontakt zu bleiben.
- Eine private und geschäftliche Ausrichtung sind gleichzeitig möglich.
- Online-Gruppen und Fan-pages erhöhen das Vernetzen von Gleichgesinnten.
- Es erlaubt durch Veranstaltungen das Befördern eines guten Zwecks.
- Unternehmensseiten bringen einen Imagegewinn durch Eigenwerbung.

Auch hier ist der erste Schritt das Anlegen eines Profils. Während aber LinkedIn oder XING extrem berufsorientierte Plattformen sind, ist Facebook die persönliche Plattform für Ihre persönliche Marke. Sie können mit Facebook Menschen die neuesten Fotos Ihres Babys zeigen, frühere Klassenkameraden wieder finden, aber Sie können auch eine Profilseite für Ihre fachliche Identität mit Ihrer persönlichen Seite verknüpfen. Das Privatleben eines Menschen kann auch auf die professionelle Marke Auswirkungen haben. Man kann über diese Plattformen Kontakte aufbauen, die dann auch zu Kunden oder Geschäftspartnern werden können. Allerdings legen die Beispiele von Deckers und Lacy nahe, dass hierfür die virtuelle Welt verlassen werden muss und man die Leute schließlich auf dem Fußballplatz oder in der Kneipe persönlich trifft.[14]

Seit einiger Zeit existiert die Social Media Plattform Google +, die sich von Facebook darin unterscheidet, dass die gesamten Erfahrungen von Google und auch alle Werkzeuge aus der Google-Familie jetzt um diese eigene Plattform erweitert werden. So ist die Verknüpfung von Google + mit anderen Diensten von Google möglich. Mit einer Google + Seite wird ein Unternehmen deutlich positiver von Google in den Suchergebnissen angezeigt als eine Facebookseite.

---

[14] Deckers/Lacy 2012, a. a. O., S. 141.

Die Online-Plattform XING verbindet Nutzer und Unternehmen, die hier ihr Profil einstellen, Stellen ausschreiben und suchen oder sich an Diskussionen in Fachgruppen beteiligen können. XING ist weitaus stärker auf berufliche Kontakte spezialisiert als Facebook. In einem vernichtenden Beitrag aus dem Jahre 2008 beschrieb die FAZ die Plattform allerdings als „große Zeitvernichtungsmaschine", „Flirt- und Hobby-Forum" und „unterhaltsames Panoptikum für allen Themen der Welt".[15] Ganz offensichtlich erfordern derartig offene Systeme ein gewisses Maß an zielgerichteter Disziplin. Auch LinkedIn ist ein webbasiertes soziales Netzwerk zur Pflege bestehender Geschäftskontakte und zum Knüpfen von neuen Verbindungen. Die Funktionsweise ähnelt der von XING, nur ist LinkedIn weltweit führend, während XING der Marktführer in Deutschland ist.

4.3.4   Social Media Marketing: eine neue Dimension im Marketing

Social Media Marketing ist „eine Form des Marketings, die darauf abzielt, eigene Vermarktungsziele durch die Nutzung von und die Beteiligung an sozialen Kommunikations- und Austauschprozessen mittels webbasierter Applikationen und Technologien zu erreichen. Die systematische Organisation und Integration der Beteiligung an Kommunikations- und Austauschprozessen (Dialog) bildet den Kernpunkt jedes Social Media Marketings."[16]. Was man früher Mundpropaganda nannte, findet heute durch den Kanal des Social Web eine massenmediale Verbreitung. Sheehan sieht die Aufgabe von Marketing-Experten heute darin, die „Gespräche" in sozialen Netzwerken zu beeinflussen.[17] Gleichzeitig kann man die hier stattfindenden „Gespräche" analysieren, also gleichsam abhören, um produktionsrelevante Erkenntnisse zu erhalten.

Das Konzept umfasst verschiedene Anwendungsbereiche:[18]

* **Business to Consumer – Märkte (B2C):** Das SMM nutzt die Vorteile der vereinfachten Kommunikation zwischen Unternehmen und Konsumenten im Netz mit dem Ziel, die Aufmerksamkeit auf Produkte oder Unternehmen zu lenken.
* **Business to Business – Märkte (B2B):** Diese Form des Marketings kann natürlich auch Unternehmen untereinander über spezielle Communities verbinden, miteinander kommunizieren lassen.

---

[15] FAZ vom 14. 8. 2008.

[16] Gerald Lembke: Social Media Marketing. Berlin 2011 (Cornelsen), S. 17.

[17] Brian Sheehan: Online-Marketing. München 2011 (Stiebner), S. 110.

[18] Lembke 2011. a. a. O., S. 17.

• **Business to Prosumer – Märkte (B2P):** Es wird immer bedeutender für Unternehmen, Bewertungen und Meinungen von Kunden zu erfahren. Mit ihren Ideen, Bedürfnissen oder auch Verbesserungsvorschlägen können Produktverbesserungen beeinflusst werden.

Damit ist SMM die systematische Integration digitaler Medienprodukte in die Wertschöpfungskette des Unternehmens. Im Idealfall werden die Kunden aktiv in den Marketingprozess eingebunden, indem sie Bewertungen, Empfehlungen und Meinungen weitergeben. Die Produzenten wissen mehr über die Wünsche der Konsumenten, deren Macht dadurch jedoch auch steigt.[19]

Mit den richtigen Multiplikatoren im Netz, die über viele tausend Netzwerkkontakte verfügen, lassen sich in Sekundenschnelle eigene Inhalte kostenneutral verteilen. Diese Schlüsselpersonen heißen Influencer und verfügen nicht nur über eine Vielzahl von Kontakten, sie produzieren regelmäßig viele Inhalte, die von der Fangemeinde konsumiert werden und genießen generell ein hohes Vertrauen in der Gemeinde. Genau diese Kombination macht die Influencer oder sollte man besser sagen „digitale Meinungsführer" so interessant. Um diese Meinungsführer im eigenen Netzwerk ausfindig zu machen, gibt es professionelle Software zur „Sozialen Netzwerkanalyse" (SNA).[20].

Planung und Ziele beim SMM Auf dem Weg zur einer passenden Social Media Marketing Strategie sollte der erste Schritt einer Unternehmung immer eine umfassende SWOT-Analyse (Situations-Analyse) sein. Eine derartige Stärken-Schwächen-/Chancen-Risiken-Analyse zeigt dem Unternehmen klar seinen Möglichkeitsraum unter unternehmensexternen Umwelteinflüssen auf und gibt Hinweise für weitere Planungen. Die Chancen-Risiken-Analyse, auch Ressourcenanalyse genannt, gibt Hinweise auf jedwedes Unternehmenspotenzial.[21]

Es gibt verschiedene Unternehmensziele und in Bezug auf Social Media unterscheiden sich diese nur wenig von klassischen Marketingzielen. Als oberstes ist Social Media Marketing ein *Kundenbindungstool* – mit dem Ziel eines langfristigen Beziehungsaufbaus. Schaffung von Vertrauen und Steigerung der Markenbekanntheit und des Unternehmensimages sind weitere Ziele. Kundenbindung an ein Unternehmen oder an eine Marke funktioniert gut, wenn die Kunden sich untereinander vernetzen. Auf Unternehmensseite ist es oftmals das Ziel, mit geringen

---

[19] Lembke 2011, a. a. O., S. 19.

[20] Eine gute Übersicht bietet – hier der Wikipedia-Eintrag: http://en.wikipedia.org/wiki/Social_network_analysis_software

[21] Heribert Meffert: Marketing – Grundlagen marktorientierter Unternehmensführung. Wiesbaden 1998, (Gabler), S. 63 ff.

Mitteln möglichst viele Nutzer/potenzielle Kunden anzusprechen. Kriterien hierfür sind auf jeden Fall eine große Anzahl Mitglieder und qualitativ hochwertiger Inhalte. Je größer das Netzwerk, desto größer ist auch seine Wertigkeit. Lembke hat die Ziele zusammengefasst:[22]

- **Mehr Traffic – Steigerung der Zugriffszahlen.** Die Steigerung der Zugriffszahlen auf die eigene Webpräsenz ist ein TOP-Ziel, verbunden mit der Hoffnung, dass es sich bei den Internetusern um die relevante Zielgruppe handelt. Allerdings ist die Streuweite im Netz groß. Oftmals kann als Folge von SMM-Kampagnen der Traffic nur temporär erhöht werden und ist somit kein nachhaltiges Phänomen.
- **Verbessertes Suchmaschinenranking.** Social Media-Aktivitäten können durch Weiterempfehlungen der Nutzer eine Vielzahl an Verlinkungen generieren. Sind unter den Weiterempfehlenden sogenannte Influencer, dann besteht eine große Chance, dass sich die eigene Präsenz samt ihrer Inhalte schnell und weitläufig verbreitet, die Zahl der Weiterverlinkungen kann enorm steigen. Suchmaschinen wiederum sehen diesen Inhalt nun als höherwertig an, was dazu führen kann, dass das eigene Unternehmensangebot in Suchmaschinen höher bewertet wird. Aus diesem Grunde ist guter Inhalt von Postings sehr wichtig.
- **Reputationsmanagement.** Eine wichtige Basis auf dem Weg zu einer guten Reputation ist das Schaffen von Vertrauen und Glaubwürdigkeit. Das hat dann wiederum positive Auswirkungen auf das Suchmaschinenverhalten und den Traffic. Was aber noch interessanter ist, durch qualitativ gute Inhalte können PR-Katastrophen weitestgehend vermieden werden und die Einstellung der Nutzer/potenziellen Kunden entwickelt sich positiv.
- **Umsatzsteigerung.** Dies kann kein originäres Ziel sein, denn bei SMM geht es vorrangig um Kundenbindungsaufbau und –erhaltung. Zwar kann daraus auch mittelbar eine monetär vergütete Beziehung erwachsen, ist aber kein Primärziel. Allerdings ist zu sagen, dass Produkte eher erworben werden, wenn sie eine positive Kundenbewertung erhalten haben. Hier schließt sich der Kreis wieder zum SMM, dass sich um nutzergenerierte Bewertungen bemühen sollte.
- **Meinungsführerschaft erlangen.** Kompetenz zeigen – überall da, wo sich potenzielle Kunden aufhalten, sich z. B. in Bewertungssysteme (Amazon etc.) einbringen. Mit Engagement und stetiger Präsenz kann das Unternehmen als Meinungsführer wahrgenommen werden. Das alles hat am Ende Auswirkungen auf das Wachstum der Marke und wie sich das Unternehmen im Wettbewerb besser platzieren kann.

---

[22] Lembke 2011, a. a. O., S. 64–70.

- **Mundpropaganda.** Es handelt sich hier um das alt bekannte Empfehlungs-
  marketing, was eines der erfolgreichsten Marketinginstrumente überhaupt ist.
  Abgesehen von exzellentem Inhalt ist es wichtig, den Nutzern/potenziellen
  Kunden mit einem wirklich kreativen, einen Mehrwert bietenden Inhalt auf-
  zuwarten. Der Nutzer möchte auch unterhalten werden und das gern auch auf
  unkonventionelle Weise.
- **Krisenkommunikation – Krisen-PR.** Das Social Media Web folgt seinen ei-
  genen Regeln und zuweilen können kleine Nachrichten eine ganz anderen
  Dynamik entwickeln, eine Resonanz erzeugen, die sich dann zum Teil in der
  Tagespresse oder den anderen Medien wiederfindet. Deshalb ist es wichtig, auf
  Gerüchte oder negative Kommentare frühzeitig und glaubwürdig zu reagieren,
  um Krisen schon in der Entstehungsphase zu begegnen.
- **Digitale Marktforschung und Innovationsmanagement.** Die Marktforschung
  ist seit jeher ein wichtiges Tool, um eine Basis für Entscheidungen zu erhalten in Bezug auf Kunden und Marktverhalten. Da der Markt im Bereich Social
  Media sich recht intransparent zeigt, ist es umso wichtiger, an verlässliches
  Datenmaterial zu gelangen. Ein spezielles Potenzial entfaltet Social Media im
  produktpolitischen Bereich. In engem Dialog mit dem Kunden können Ideen
  ausgetauscht werden, die dann weiter in die Entwicklungen von Produktverbesserungen oder gar Neuentwicklungen fließen können. Das Wissen der Masse
  nutzen, nennt man Crowdsourcing.

Sind die Ziele einmal genau formuliert, kann eine Strategie für das Social Media
Marketing gefunden werden. Da jedes Unternehmen einmalig ist, gibt es demzu-
folge nur individuelle Strategien, die auf bestimmte Situationen angepasst werden
müssen. Eine Strategie kann folgende Felder umspannen:

- Kommunikationspolitik
- Vertrieb von Produkten und Dienstleistungen
- Auf- und Ausbau von Kundenvertrauen
- Identifizierung und Entwicklung von Mehrwerten
- Gewinnung hochqualifizierten Personals
- Marktforschung
- Auf- und Ausbau von Servicedienstleistungen und –produkten

Unerlässlich für das Social Media Marketing ist das sog. Web Monitoring (Gabler:
strategische Frühaufklärung, Kontrolle, Evaluation): Was wird in den sozialen Medien über das eigene Unternehmen und seine Leistungen vermeldet? Des Weiteren
ist es wichtig zu wissen, wo sich die eigene *Ziel-, oder Dialoggruppe* aufhält. Je
größer das Unternehmen ist, um so aufwendiger wird sich die Situations-Analyse

im Web gestalten und es empfiehlt sich, eine externe Spezialagentur zu beauftragen oder die Verwendung kostenpflichtiger Analyse-Tools, wie zum Beispiel Radian6, ScoutLabs, Trackur, Nielsen Buzz und TNS Cymfony.[23]

4.3.5 Crowd-Funding – Finanzieren über digitale Netzwerke

Mein Dank gilt an dieser Stelle Wolfgang Gumpelmaier (www.gumpelmaier.net), der zu den besten Kennern der Crowdfunding-Szene zählt, für seine Informationen und Anregungen.

Crowdfunding hat gerade in den beiden vergangenen Jahren auch im deutschsprachigen Raum Furore gemacht. Kaum eine Konferenz verging, auf der nicht im Rahmen von Podiumsdiskussionen und Workshops über die Möglichkeiten, Risiken und Chancen dieser alternativen Projektfinanzierung diskutiert wurde. Erfolgsbeispiele aus Amerika, wie etwa Amanda Palmer's Musik- und Kunstprojekt, die E-Paper Watch Pebble oder das Adventure Spiel Double Fine[24], lassen auch hierzulande die Herzen künftiger Projektinhaber höher schlagen. Auch wenn die Auseinandersetzung mit dem Thema in Deutschland, Österreich und der Schweiz noch am Anfang steht, begreifen immer mehr Akteure Crowdfunding als Teil eines Paradigmenwechsels, der sich mit Hilfe neuer Medien und Kommunikationskanäle vollzieht. Crowdfunding ist nicht nur ein Finanzierungsinstrument, sondern ermöglicht vor allem auch den Aufbau einer Community und dient der nachhaltigen Kommunikation mit Fans, Freunden und Followern (Anhängern). Das Crowdfunding zeigt wie kein zweites Beispiel, welche Möglichkeiten das Social Media Networking in sich trägt. Darum wird es hier exponiert beschrieben.

4.3.6 Was aber ist Crowdfunding?

Crowdfunding ist eine Form des Crowdsourcings[25], bei der für künstlerische Projekte, Unternehmengründungen und Business-Ideen, Sozialprojekte, NGOs oder politische Zwecke Geld eingesammelt wird. Dabei wird die Online-„Crowd", also die breite Masse der Online-Nutzer, selbst zum Geldgeber. Sie investiert in ein

---

[23] Hinz Kreutzer: Möglichkeiten und Grenzen von Social Media Marketing. Berlin 2010 (Institute of Management Berlin at the Berlin School of Economics and Law), S. 9.

[24] Die Projekte sind im Internet sehr lebendig nachvollziehbar. Amanda Palmer auf Kickstarter: http://bit.ly/amanda_palmer; Pebble E-Paper Watch auf Kickstarter: http://bit.ly/pebble_ewatch; Double Fine auf Kickstarter: http://bit.ly/double_fine.

[25] Crowdsourcing auf Wikipedia: http://de.wikipedia.org/wiki/Crowdsourcing.

Projekt und ermöglicht damit dessen Durchführung. Die Geldgeber werden beim Crowdfunding auf unterschiedliche Arten eingebunden: als Multiplikatoren für die fertigen Projekte, als Ideengeber im Entwicklungsprozess, als Investoren oder als Vorabverkäufer.

Beim Crowdfunding handelt es ich keineswegs um ein neues Phänomen. Schon der Leipziger Verleger Anton Reclam nutze seine Crowd, die Leser, um einen patriotischen Gedichtband zu verlegen. Auch der Sockel der Freiheitsstatue ist von zahlreichen Ein-Dollar-Geldgebern bezahlt worden. Durch die Verbreitung und Entwicklung des Internets hat sich jedoch der Zugang auf die Infrastruktur zum Geldsammeln vereinfacht und es ist nun möglich, innerhalb kurzer Zeit die notwendige Reichweite für ein Projekt herzustellen.

4.3.7   Welche Formen von Crowdfunding gibt es?

Es haben sich bereits mehrere Ansätze und Modelle herausgebildet, die nach ihrem Zweck zu klassifizieren sind:

1. Crowdfunding für Projekte aller Art, mit versprochenen Gegenleistungen, aber in der Regel ohne Erfolgsbeteiligung, teilweise auch bezeichnet als Crowdsponsoring.
2. Crowdinvesting bezeichnet Crowdfunding für Unternehmen und insbesondere Start-ups, meistens verbunden mit Gewinn- und Unternehmensbeteiligung.
3. Crowdlending für Peer-to-Peer-Kredite (Kredite ohne Beteiligung von Banken)
4. *Citizenlending* umfasst Public Lending, also für Kredite von Bürgern an ihre Städte und Gemeinden, teilweise als Bürgerkredite bezeichnet.
5. Crowdfunding für gemeinnützige NGOs und zivilgesellschaftliche Projekte, teilweise bezeichnet als *Crowddonations*, finden in der Regel ohne Gegenleistungen statt und können ggf. steuermindernd geltend gemacht werden.
6. Spezialisierte Crowdfunding-Plattformen für den Spiele- und Musiksektor (*Fanfunding*), in der Regel mit einer Mischung aus *Pre-Selling* und Erfolgsbeteiligung.
7. Micro-Funding im Freundes- und Bekanntenkreis für private Zwecke (*Friendfunding*).

Eine allgemeine Definition von Crowdfunding ist angesichts dieser Vielzahl von Modellen schwer zu finden. In der Regel wird zwischen donation-based, equity-based, lending-based und reward-based crowdfunding unterschieden.[26]

---

[26] Definition von Crowdfunding (beta): http://bit.ly/Crowdfunding_Definition.

Wie funktioniert Crowdfunding? Im Fokus dieses Beitrages liegt das klassische Crowdfunding. Es ist durch drei Prinzipien geprägt, wie sie sich auf allen deutschsprachigen Crowdfunding-Plattformen wiederfinden: Das Alles-oder-Nichts-Prinzip, das Prämien- und das Transparenz-Prinzip.

Gemäß dem Alles-oder-Nichts-Prinzip wird das gesammelte Kapitel nur dann an die Projekte ausgezahlt, wenn die festgelegte Zielsumme innerhalb einer bestimmten Zeit komplett erreicht wird. Auf diese Weise wird sichergestellt, dass die dargestellten Projekte auch tatsächlich stattfinden können.

Das Angebot an Gegenleistungen für unterschiedlich hohe Finanzierungsbeiträge wird zu Beginn eines Crowdfunding-Projekts formuliert. Unterstützern dient es zur Orientierung, in welcher Höhe sie einen finanziellen Beitrag leisten. Durch Angebot und Annahme entsteht auf diese Weise ein Kaufvertrag zwischen Projektinitiatoren und Investoren, der gegebenenfalls durch eine Crowdfunding-Plattform angebahnt und abgewickelt wird.

Im Transparenz-Prinzip manifestiert sich die Erwartung an Projektinitiatoren, umfassend über ihr Projektvorhaben und Entwicklungen bei der Umsetzung zu berichten. Üblicherweise geschieht dies durch einen Projektblog und diverse Social Media Kanäle. Potenzielle und bestehende Unterstützer können Fragen an die Projektiniatioren richten und mit ihnen in den Dialog treten.

4.3.8 Plattformen für Crowdfunding

Die Durchführung eines Crowdfunding-Projekts setzt Investitionen in die Infrastruktur voraus. Mit der Programmierung einer komplexen Internetseite, der Schaffung des rechtlichen Rahmens und der Abwicklung von Finanztransaktionen sowie die Organisation des Unterstützungsmanagements sind viele kleine Projekte überfordert. Daher haben sich weltweit darauf spezialisierte Crowdfunding-Plattformen als Dienstleister etabliert.

Die erste Crowdfunding-Plattform in Deutschland war die Fan-Funding-Plattform Sellaband, die 2006 gegründet worden ist, sich aber schon damals an ein englischsprachiges Publikum wandte. Die ersten deutschsprachigen Crowdfunding-Plattformen entstanden im Sommer 2010. Im ersten Jahr wurden von ihnen gemeinsam 208.000 € erfolgreich umgesetzt. Drei Monate später waren es bereits 454.000 €. Erst im Sommer 2012 schaffte es mit startnext die erste Plattform, ein Gesamtvolumen von einer Million Euro umgesetzt zu haben – damit ist startnext bis dato die erfolgreichste Crowdfunding-Plattform auf dem deutschen Markt.

Aber auch abseits der Plattformen wurde Crowdfunding und Crowdinvesting sehr erfolgreich durchgeführt. Drei populäre Crowdfunding-Beispiele, die viel in der Tagespresse besprochen wurden, sind die Filme „Iron Sky – Nazis auf dem Mond", „Hotel Desire" und „Stromberg". Letzterer ist mit einer Million gesammelten Kapitals das bislang erfolgreichste Projekt dieser Art in Deutschland.[27] Bei allen drei genannten Beispielen handelt es sich um Mischformen aus Crowdinvesting und Crowdfunding. Fans konnten sowohl Beteiligungen als auch klassische Gegenleistungen ohne Gewinnbeteiligung erwerben.

4.3.9 Crowdfunding in Deutschland 2012

Das Institut für Kommunikation in sozialen Medien[28] führt die umfassendste Crowdfunding-Studie[29] in Deutschland durch. Einerseits wird das Wachstum auf den Plattformen analysiert, andererseits werden die Crowdfunding-Initiatoren und die Crowdfunding-Unterstützer befragt. Zusätzlich werden für einzelne Teilmärkte (Musik, Film, Journalismus) die Daten erhoben und die Trends erfasst.

Insgesamt wurde auf den deutschsprachigen Crowdfunding-Plattformen bislang ein niedriger Millionenbetrag umgesetzt – wobei sich grob geschätzt jedes Vierteljahr die Summe verdoppelt (von 500.000 € im April 2011 bis zu einer Million Euro im August 2011 und zu ca. 2–3 Mio. € im Frühjahr 2012).

Die Ergebnisse sind motivierend für Projektinitiatoren: Jedes zweite Crowdfunding-Projekt wurde erfolgreich finanziert. Die erfolgreichen Projekte erhielten im Durchschitt 110 % ihrer Zielsumme, wurden also deutlich überfinanziert. Die Unterstützergruppen sind eher klein – im Durchschnitt um die 30 Personen. Nach wie vor liegt der durchschnittliche Crowdfunding-Betrag zwischen 80 und 90 €.

Das bringt allerlei Anforderungen an die Projektinitiatoren mit sich. Die Unterstützer erwarten Transparenz, Updates über den Projektfortschritt sowie Antworten auf Rückfragen und Anregungen. Ein Crowdfunding-Projekt bedeutet für die Initatoren einiges an Aufwand.

„Die Herausforderung beim Crowdfunding ist es, die richtigen Dankeschöns auszuwählen und den Zwang zu unterdrücken, jede Stunde aufs Neue nachzusehen", so der Initiator eines Crowdfunding-Projekts in der Befragung von ikosom. Projektinitiatoren sollten nicht dem Irrglauben verfallen, dass sie ihr Projekt nur auf einer Plattform einstellen müssen und die Finanzierung von alleine geschieht. Die

---

[27] Die Film-Projekte werden ausführlich in der Studie „Crowdfunding im Film" beschrieben: Crowdfunding als Alternative zur klassischen Filmfinanzierung: http://bit.ly/Crowdfundingstudie_Film

[28] www.ikosom.de

[29] Crowdfunding-Studie 2011: http://bit.ly/Crowdfunding_Studie

Befragung der Projektinitiatoren ergab, dass der Aufwand für Öffentlichkeitsarbeit und das Community Management häufig unterschätzt werden. Das größte Marktvolumen weist weltweit das US-amerikanische Crowdfunding-Segment auf. Marktführer kickstarter setzt im Jahr 2011 knapp 100 Mio. US-Dollar um. Kickstarter und IndieGoGo, eine weitere erfolgreiche Crowdfunding-Plattform auf dem US-Markt, haben angekündigt, nach Europa expandieren zu wollen. Im Herbst 2012 öffnet kickstarter die Plattform für Großbritannien. Der Schritt auf das europäische Festland wird ein Jahr später erwartet.

4.3.10 Ablauf eines Crowdfunding-Projekts

Der Ablauf eines Crowdfunding-Projekts ist unabhängig von der Plattform weitgehend gleich. Die Arbeitsschritte von der Einreichung bis zur erfolgreichen Finanzierung lassen sich in wenigen Arbeitsschritten zusammenfassen:

1. Man startet das Crowdfunding-Projekt und legt eine Projektseite (auf einer Plattform) an. Dabei wird einerseits der formale Rahmen festgelegt (Zielbetrag, Laufzeit) und andererseits das Projekt vorgestellt (u. a. Beschreibung, Kampagnen-Video).
2. Die Gegenleistungen für die Unterstützer werden konzipiert und die Höhe der jeweils notwendigen Finanzierungsbeiträge bestimmt.
3. Während der Laufzeit des Crowdfunding-Projekts bedarf es einer umfassenden Projektkommunikation und Öffentlichkeitsarbeit. Eine besondere Rolle nehmen hierbei Social Media und E-Mail ein.
4. Zum Ende der Laufzeit ist das Projekt im Idealfall erfolgreich finanziert. Die Plattform überweist den Projektinitiatoren das eingesammelte Geld. Gegebenenfalls sind für die Leistungen der Plattform Gebühren fällig.
5. Im Rahmen der Projektumsetzung werden die Gegenleistungen gegenüber den Finanzierern erbracht.

Planung, Engagement, transparente Kommunikation und Social Media Kompetenz sind hier sicherlich wesentlich. Wichtig ist, dass sich die Projektinhaber vor dem Kampagnenstart Gedanken darüber machen, wie sie während des Crowdfundings möglichst viele Personen erreichen. Dazu ist es notwendig, im Vorfeld zu recherchieren und zu planen, eventuell im kleinen Kreis „vorzufühlen", sich Freunde oder Kollegen ins Team zu holen und möglichst viel vorzubereiten. Manche Projektinhaber sprechen von einem 24/7 Job, mit der richtigen Planung und dem kompetenten

Umgang mit Online-Kommunikationstools wie Facebook, Twitter oder Blogs lässt sich aber viel Zeit sparen bzw. wertvolle Zeit sinnvoll nutzen. Wer sich aber erst und nur wegen des Crowdfundings mit Sozialen Medien auseinander setzt, wird es schwer haben.

4.3.11 Crowdfundig und traditionelle Mittelvergabe

Noch ist Crowdfunding ein relativ kleiner Markt, der im Vergleich zur öffentlichen Kulturförderung und zur öffentlichen Wirtschaftsförderung in der Kreativwirtschaft nur einen sehr geringen Teil der Kreativen finanziert. In den USA ist die Situation deutlich anders: auf Plattformen wie indiegogo.com oder kickstarter.com werden Beträge eingenommen, die zum Beispiel das Budget für die bundesstaatliche Kulturförderung deutlich überschreiten. Natürlich ist das private Mäzenatentum im Kultursektor in den USA sehr viel ausgeprägter als in Deutschland. Daher ist auch die Bereitschaft, Kultur privat zu finanzieren, deutlich größer. Aber auch in Deutschland stellt sich die Frage, wie der Staat und seine Förderinstitutionen sich mit Crowdfunding auseinandersetzen und welchen Beitrag er leisten kann.

Im Filmbereich etwa stehen gerade aufstrebende Filmemacher oft vor dem Problem, dass sie nur schwer an öffentliche Fördertöpfe kommen, weil ihnen beispielsweise die Erfahrung oder Referenzprojekte fehlen oder ihre Filme einfach nicht das „passende" Thema behandeln. Oftmals sehen junge Filmemacher im Crowdfunding die einzige Chance, ihre Projekte überhaupt zu realisieren. Die Studie von ikosom zeigte, dass Crowdfunding inbesondere für Nischenprojekte geeignet ist, die eine sehr begrenzte Zielgruppe ansprechen kann, die man dann umso einfacher mobilisieren kann.

4.3.12 Crowdfunding und Community-Building am Beispiel Film

Die Berliner Regisseurin Claudia Rorarius entschied sich dafür, weil ihr trotz der Förderung durch die FFA und die Filmstiftung NRW noch Geld für den Kinostart ihres Debütfilms CHI L'HA VISTO[30] fehlte. Im Sommer 2011 sammelte sie binnen weniger Wochen 8.155 € über die deutsche Plattform *startnext.de* ein. Mit dem Geld finanzierte sie die Erstellung mehrerer Filmkopien, Ende August feierte das Roadmovie Premiere in den deutschen Kinos. Die Möglichkeit, während und nach

---

[30] CHI L'HA VISTO: http://www.chilhavisto.de/

der Finanzierungskampagne mit den Fans in Kontakt zu treten und direkt Feedback
zu erhalten, war für Rorarius eine neue, aber durchweg positive Erfahrung, wie sie
beim digitalfilmcamp erzählte: „It was fun, this was really actively talking to people
and asking and getting feedback."

In der Tat treten sich beim Crowdfunding „Geldgeber und -empfänger weitge-
hend auf gleicher Augenhöhe gegenüber", wie es in einem Bericht des Fraunhofer
Instituts[31] zum Thema heißt. Die Einbeziehung der Fan-Community über Soziale
Netzwerke steht bei diesem Filmproduktionsmodell meist im Vordergrund. Das
bestätigt auch Sarah Nörenberg vom Bud Spencer Dokumentarfilmprojekt[32] aus
Österreich. Von Beginn an involvierte Regisseur Karl-Martin Pold die Fans des ita-
lienischen Schauspielers in das Projekt und informierte diese via Facebook, Twitter,
Blog und YouTube über den Fortschritt der Filmproduktion. Mittlerweile hat sich
eine eingeschworene Online-Community gebildet, die anpackt, wenn Not am Mann
oder an der Frau ist. Ganz egal, ob es um die Erstellung einer Filmwebseite geht,
Interview-Dreharbeiten in Italien anstehen oder ein weiterer Teil der Finanzierung
gesichert werden muss – die Community hilft. Dafür geben Pold und Nörenberg
auch viel zurück. „Unser Film beansprucht uns 40 Stunden die Woche und mehr",
verrät Nörenberg am *digitalfilmcamp*[33] in Berlin. Nach zwei erfolgreich abgeschlos-
senen Kampagnen auf *mySherpas.com* hat das junge Team nun einen Produzenten
gefunden und somit auch Zugang zur Wiener Filmförderung erhalten. Geben und
Nehmen, nur so kann Crowdfunding funktionieren.

Das wissen auch die Macher des finnischen Science-Fiction-Films *Iron Sky*[34],
der auf der Berlinale 2012 Premiere feierte. Die Fans wurden über jeden wichtigen
Schritt informiert und erhielten regelmäßig Einblicke in die Dreharbeiten. Aber
nicht nur das. Über die Plattform „Wreck a movie[35]" konnte die Community sogar
direkt an der Entstehung des Films mitarbeiten oder sich auf der Webseite den
Film in ihre Stadt wünschen. Außerdem veranstaltete das Team regelmäßige Fan-
Treffen, verkaufte bereits vor Beginn der Dreharbeiten Fanartikel oder stellte ein
digitales Comic-Prequel auf YouTube online. Die Fans dankten es mit finanzieller
Unterstützung in Höhe von 900.000 € und 6,6 Mio. Trailer-Views auf YouTube
innerhalb weniger Tage. Die Finanzierung des Films dauerte allerdings mehrere
Jahre und wurde vorwiegend über eigene Kanäle vorangetrieben. Letztlich aber

---

[31] Crowdfunding und andere Formen informeller Mikrofinanzierung in der Projekt- und
Innovationsfinanzierung: http://bit.ly/Fraunhofer_Crowdfunding
[32] Bud Spencer Dokumentarfilm: http://www.budspencermovie.com/
[33] digitalfilmcamp: http://digitalfilmcamp.de/
[34] Iron Sky: http://www.ironsky.net/
[35] Wreck a Movie: http://www.wreckamovie.com/

funktionierte es auch hier: mit 27 Films Production und New Holland Pictures kamen zwei Ko-Produktionsfirmen an Board, die sich um die restliche Finanzierung kümmerten. Endgültiges Gesamtbudget: 7,5 Mio. €.

Aber auch vor Iron Sky gab es im deutschsprachigen Raum bereits nennenswerte Erfolge zu verzeichnen: Leslie Franke und Hermann Lorenz crowdfundeten für „Water makes Money[36]" rund 119.000 €, „Hotel Desire" kam auf 170.000 €, „Stromberg" sammelte 1 Mio. € Fremdkapital ein und Carl Fechner erreichte für seinen Film „Die 4. Revolution" sogar 1,5 Mio. €. Eines haben diese Filme gemeinsam: die Finanzierung erfolgte nicht über Crowdfunding-Plattformen, sondern über eigene Kanäle. Das hat verschiedene Gründe, unter anderem hängt es aber damit zusammen, dass in fast allen Fällen nicht nur kleine Dankeschöns angeboten wurden, sondern oft auch erfolgsbasierte Prämien, z. B. Anteile an den Ticketerlösen oder auch Lizenzen.

Auch Gregor Schmidinger aus Österreich nutzte Crowdfunding um „Homophobia", einen Kurzfilm zum Thema „Gay Bullying", umzusetzen. Die Unterstützer seiner Crowdfunding-Kampagne hat er in eine geschlossene Facebook-Gruppe eingeladen und sie an diversen Entscheidungsprozessen teilnehmen lassen. Außerdem hat er immer wieder gebloggt und sehr viele Erfahrungen in seinen Artikeln weitergegeben. In einem Interview[37] mit Crowdfunding-Beobachter Wolfgang Gumpelmaier beschreibt der Filmemacher seinen Zugang zu Crowdfunding: „Ich denke, dass das eine sehr gute Möglichkeit ist, nicht nur selbst seine Gedanken und Erfahrungen zu ordnen und auszudrücken, sondern dieses Wissen auch weiterzugeben. Ich selbst habe viele Blog Posts zum Thema Crowd Funding gelesen, bevor wir unsere Kampagne gestartet haben, und so wollte ich auf diese Weise auch etwas zurückgeben. Zudem entstehen immer wieder neue Kontakte, die einem weitere Möglichkeiten eröffnen. Und dann ist da natürlich noch das Marketingprinzip. Gerade die Zielgruppe kann so auf ein Projekt aufmerksam werden und dabei helfen, es weiter hinauszutragen, als man das selbst könnte."

Soweit ein erster Einblick in die Crowdfunding-Szene, die es weiter zu beachten gilt. Sicher ist Crowdfunding nur eine ergänzende Finanzierungsform, die ein funktionierendes Netzwerk voraussetzt bzw. eines intakten Netzwerkes bedarf. Finanzielle Unterstützer zu gewinnen, wird meiner Überzeugung nach umso leichter, als die Inhalte der Projekte die Menschen bewegen und emotionalisieren.

Dieser kleine gedankliche Ausflug zeigt, wie vielfältig das Thema Netzwerken ist.

---

[36] Water makes money: http://www.watermakesmoney.com/

[37] Social Film Marketing Blog – Homophobia: Mit der Crowd zum fertigen Kurzfilm (Interview): http://bit.ly/Interview_Schmidinger

Fortbildung und Qualifizierung für ein erfolgreiches Networking 5

Networking setzt zunächst eine intensive Selbstreflexion voraus. Persönlichkeits-analyse, Netzwerk-Mission und das Konzept vom eigenen Selbstmarketing stehen am Anfang des Lernprozesses, sie bilden die Grundlage. Dazu gehört auch die Analyse meiner Selbsterfahrungen und eine umfangreiche Recherche der bestehenden Netzwerke, die für mich sinnvoller Weise in Frage kommen. Diese analytischen Grundlagen sollten immer unter Einbeziehung eines fachkundigen Dritten statt-finden – die Selbstreflexion braucht das „schonungslose Gegenüber“: die einen neigen dazu, sich das eigene Selbst schön zu reden, andere aber stehen sich durch mangelndes Selbstbewusstsein selbst im Wege, und können die eigenen Ressourcen nicht realistisch einschätzen.

Der sehr wichtige zweite Arbeitsbereich ist die „Bühnenarbeit“: Körpereinsatz, Sprache, Atmung, Mimik, Gestik und Rhetorik kann man lernen, die Kör-persprache anderer zu verstehen – ein Lernprozess. Gleiches gilt natürlich für Gesprächstechniken, Umgangsformen und Regeln im Networking.

Auch wenn das Online-Marketing schon seit Jahren zu unseren Standardanfor-derungen gehört, tun sich viele immer noch schwer, sich im Netz als Arbeitsplatz professionell zu bewegen. Das beginnt mit dem SEO Search-Engine-Optimizing (der Suchmaschinen-Optimierung), betrifft alle Formen im digitalen Networking und endet beim Crowdfunding.

In diesem Zusammenhang gibt es die meisten Fortbildungs- und Qualifizie-rungsangebote. Ähnliches gilt für den Bereich der Persönlichkeitsanalyse und Profilierung. Es gibt viele qualifizierte Coachs, die sich darauf spezialisiert ha-ben. Aber Vorsicht! Die Bezeichnung „Coach“ ist in Deutschland nicht geschützt. Neben jedem gut ausgebildeten und seriösen Coach stehen zwei „selbsternannte“ Berater, die eher intuitiv und ohne ausreichenden Hintergrund auf Sie einzuwirken versuchen. Fragen Sie bei Ihrer Suche nach einem geeigneten Coach immer nach dessen Ausbildung und den Methoden, die er anwendet. Gerade bei der Frage nach den Methoden kommen viele der „Self-made-Coachs“ ins Stocken.

K.-D. Müller, *Erfolgreich Denken und Arbeiten in Netzwerken,*
DOI 10.1007/978-3-658-02108-5_5, © Springer Fachmedien Wiesbaden 2013

Bei der „Bühnenarbeit" wird das qualifizierte Angebot schon dünn. Hier bedarf es nicht nur eines Coachs, es sind unterschiedliche Kompetenzen gefragt. Unser eigenes Weiterbildungsangebot, das für jedermann zugänglich ist, wird durchgeführt von Medienwissenschaftlern, Schauspiel- und Bewegungslehrern, Psychologen und Vertriebsspezialisten aus der Praxis. Schauen Sie bitte bei Interesse unter mediaexist.de oder mental-fitness.biz.

Qualifizierende Maßnahmen zu allen Fragen des Internets werden vielfältig – auch günstig – angeboten, zum Beispiel in Volkshochschulen, aber auch von Industrie- und Handelskammern, Berufsverbänden und als Umschulungsangebote. Für Existenzgründer/innen im Vor- wie im Nachgründungscoaching stehen in jedem Bundesland entsprechende Fördermittel zur Verfügung. In Brandenburg gibt es zum Beispiel das Programm „Innovationen brauchen Mut". *Hier können Sie 4 Tage kostenloses Coaching in Anspruch nehmen, jeder weitere Tag kostet Sie 200,– €* Eigenanteil. Bei diesem Programm können Sie aus einem geprüften qualifizierten Coach-Pool den geeigneten Berater für sich auswählen. Das Gründer-Coaching Deutschland der KfW bietet 6.000,– € (bei Personen, die aus der Arbeitslosigkeit in die Selbstständigkeit wechseln 4.000,– €) Fördermittel, wobei Sie in den neuen Bundesländern 25 % der Kosten selbst tragen müssen, in den alten Bundesländern inkl. Berlins 50 %. Hinzu kommt in allen Fällen die Mehrwertsteuer auf den Gesamtbetrag, die aber als Vorsteuer wieder geltend gemacht werden kann. Gründer/innen aus der Arbeitslosigkeit müssen alle, ob neue oder alte Bundesländer, 400,– € selbst tragen.

Diskussion und Thesen 6

Wir haben eine *tour d'horizon* hinter uns zum Thema Netzwerke mit allen seinen Aspekten. Begonnen wurde mit einer theoretischen Grundlegung, um den Begriff und das Phänomen wesensmäßig zu erfassen. Das war keineswegs einfach, aber wir können zumindest konstatieren, dass der Begriff des Netzes das Ergebnis gesellschaftlicher Veränderungen ist. Geradezu geschichtsphilosophisch kann man nun darüber diskutieren, ob das Phänomen bereits vor Jahrhunderten existierte und allein der Begriff zu seiner Benennung fehlte, oder aber sich in der gesellschaftlichen „Substanz" etwas verändert hat. Ich bin von Letzterem überzeugt. Das Zusammenleben der Menschen hat sich verändert und erfordert entsprechende veränderte Verhaltensweisen.

Ich habe verschiedentlich argumentiert, dass das Netz der Schwesterbegriff zu Kontingenz und Unsicherheit ist. Wo Gewissheiten verloren gehen, muss gleichwohl etwas existieren, was die Gemeinschaft zusammenhält. Dieses verbindende Element ist das Netz, welches allerdings verschiedene Formen aufweisen kann. Ich habe private und geschäftliche Netze betrachtet und Freundeskreise erwähnt. Bei der Darstellung der unterschiedlichen Rationalitäten und Strukturen wurde deutlich, dass die von Max Weber einst begründete Unterscheidung von zweckrationalem und wertrationalem Verhalten auch hier immer noch trägt. Netze können einem Zweck dienen oder auf Werten basieren. Im ersten Fall ist an ein marktähnliches Geschehen zu denken wie bei Ebay, aber auch bei den diversen Jobbörsen. Im zweiten Fall spielt Vertrauen, vielleicht sogar Freundschaft eine Rolle.

Ich habe dieser Dialektik von Zweck und Wert viel Raum gewidmet. Im Grunde genommen beschreiben diese beiden Pole den wesensmäßigen Kern eines Netzes am besten. Es geht einerseits um Geschäfte und andererseits um menschliche Nähe. In der Unterscheidung von Kontakt und Beziehung kommen diese beiden Verständnisse zum Ausdruck. Sie sind jedoch nicht völlig voneinander abzugrenzen, sondern sie ergänzen sich. Es sind überraschender Weise die Wirtschaftswissenschaften, welche auf die Bedeutung von Vertrauen in Netzwerken verweisen.

K.-D. Müller, *Erfolgreich Denken und Arbeiten in Netzwerken*,
DOI 10.1007/978-3-658-02108-5_6, © Springer Fachmedien Wiesbaden 2013

Vertrauen kann gleichsam eine Produktivkraft sein und Kosten senken. Auf diese Weise findet ein doch durchaus normatives Denken Eingang in die Zahlenwelt der Ökonomie.

Das Konzept der sozialen Netze ist dagegen nicht kostenorientiert, sondern beschreibt das Zusammenleben von Menschen. Es reicht von Nachbarschaftshilfe bis Verwandtschaften und hat vor dem Hintergrund des Redens über digitale Netze und deren Implikationen ein wenig an Bedeutung verloren. Gleichwohl ist es aber natürlich das, worum es geht: Unterstützung, Hilfe, Nähe, Zusammenhalt.

Ganz allgemein erschließt uns der Begriff *Nutzen* den Zugang zum Verständnis eines Netzes. Erstaunlicher Weise ist diese doch recht nahe liegende Einsicht kaum Gegenstand der soziologischen Betrachtungen; in der Beratungsliteratur ist der Nutzen dagegen zentral. Netze sollen einen Nutzen haben für die Karriere, das Einkommen und für den sozialen Status. Nutzen, Zweck und Wert sind darum drei wesentliche Elemente der Netzwerkarbeit.

In diesem Buch wurde besonderer Wert gelegt auf die menschlichen Aspekte von Networking. Dahinter steht auch ein von mir vertretenes Menschenbild, nämlich das *Selbst* als Dreh- und Angelpunkt meines Wirkens in dieser Welt. Die Identität des Individuums wird zu einem Problem der gesellschaftlichen Moderne. Die Entdeckung des Selbst hat nur auf den ersten Blick mit den Sparzwängen des Sozialstaates zu tun und einer Politik, die auf Eigenvorsorgen und *Selbstverantwortung* zielt. Vielmehr ist meine These, dass in einer zunehmend ungewisser werdenden Welt allein das Selbst noch Halt bieten kann. Vielleicht ist das eine schmerzhafte Einsicht, aber sie kann für das Individuum auch befreiend sein.

Es kommt nun darauf an, den Zusammenhang zwischen Selbst und Netz zu erkennen. Ein Netz bildet bietet zunächst einmal keinen Halt, es ist eine sehr diffuse Organisationsform. Halt bietet alleine das Selbst, allerdings in einer Wechselwirkung mit seiner sozialen Umgebung. Die Tatsache, dass zunächst das Netz und dann das Selbst in den gesellschaftlichen Diskurs eingewandert sind, reflektiert den Wandel unseres Gesellschaftsverständnisses. „Erfolgreich denken und arbeiten in Netzwerken" bedeutet demnach zunächst die Besinnung auf mich, meine Selbstreflexion, und dann weiter die Reflexion dieser Gesellschaft als eine netzwerkbasierte Gesellschaft. Mein Verständnis als Individuum und mein Verständnis der Gesellschaft korrelieren also.

Ich habe eine Reihe von Tipps, Hinweisen und Erfahrungsberichten gegeben, wie der Zweck und Nutzen eines Netzwerkes mit meinen Befindlichkeiten und meiner Stellung in dieser Welt in Übereinstimmung zu bringen sind. Aus der Dialektik von Zweck und Wert heraus habe ich den Aufbau von Beziehungen in den Mittelpunkt gestellt, die auf Vertrauen und Freude am Gegenüber basieren. Wertbasierte Beziehungen geben dem diffusen Phänomen des Netzes einen Sinn. Erst durch diese normative Herangehensweise kann der Netzwerkgedanke auch ein

Fundament für unsere Gesellschaft begründen. Wenn ich zuvor (traditionale) Gemeinschaften an Bedeutung verloren haben, s(sierte Netze den Verlust an kollektiver Identität zumindest teilwe

Auf diesen gesellschaftlichen Wandel muss man allerdings aktiv ₁ᵤ₆_. habe ausgeführt, dass Netzwerkarbeit eine Kulturtechnik ist; ähnlich wie Lesen und Schreiben kann man sie lernen, sie kann Gegenstand von Unterricht, Training oder Beratungstätigkeit sein. Die These, dass Netzwerkarbeit in seiner ganzen Vielfalt als eine Kulturtechnik betrachtet werden kann, wird von mir erstmalig in die Diskussion um den Charakter von Netzen eingeführt.

Es handelt sich hierbei um menschliche Verhaltensweisen. Auf einer anderen Ebene bewegen sich Management-Techniken, die auf dem Netzwerkgedanken beruhen. Auch Gründungsnetzwerke entstehen nicht aus dem Willen des Individuums heraus, sondern sie sind das Ergebnis der Entscheidungen politischer Akteure. Diese Akteure, seien es Wirtschaftsförderer oder Politiker, haben sich nun aber das Denken in Netzen zueigen gemacht. Hier handelt es sich also um eine Form des Regierens.

Der Netzwerkarbeit im Internet gehört die besondere Aufmerksamkeit von Wissenschaft und Wirtschaft. Schon lange nutzen die Unternehmen das Internet für Vertrieb und Marketing, wobei die Effekte einer viralen Kommunikation nicht immer kalkulierbar sind. Das Internet ist auch ein Mythos. Alle Untersuchungen zeigen, dass die Nutzung dieses (nun nicht mehr allzu neuen) Mediums alters- und bildungsspezifisch erfolgt. Wer dieses Medium nicht nur gebrauchen will, um Zeit totzuschlagen und virtuelle Wirklichkeitssplitter an sich vorbeirauschen zu lassen, der muss sich ihm im Sinne eines Ich-Marketings systematisch und mit einer gewissen Disziplin und Lernbereitschaft nähern.

Diese Lernbereitschaft ist auch nötig für die Fortbildung und die Qualifizierung bei der notwendigen „Kulturtechnik Netzwerkarbeit" in unserer sich stetig wandelnden, offenen Gesellschaft.

Lassen Sie mich abschließend noch einmal auf die politische Dimension von digitalen Netzwerken zu sprechen kommen. Die repräsentative Demokratie scheint mehr und mehr in einer desillusionierenden Fülle von Betrugsfällen, Korruptionsvorwürfen, zwischen Enthüllungen und Verwirrungen in einem Sumpf der Politikverdrossenheit unterzugehen. Viel schwerer wiegt noch, dass unsere Demokratien unregierbar erscheinen. In wichtigen Politikfeldern, ob es den Klimawandel angeht oder die Regulierung des Investment-Bankings und vieles mehr, sind Nationalstaaten machtlos, die gegenseitigen internationalen Abhängigkeiten zu überwinden. Jeder ist mit jedem und alles mit finanziellen Interessen verbunden. Welcher Politiker, welche Politikerin traut sich in Zeiten des zügellosen Kapitalismus', dringend erforderliche Entscheidungen gegen den Willen „der Gemeinschaft" umzusetzen?

„Umso bedeutender ist die Erkenntnis: Etablierte politische Strukturen sind nicht alles. Gerade in den letzten Jahren zeigte sich im Rahmen der Occupy-Bewegung, aber auch während des Arabischen Frühlings und Umweltaktivitäten ein neu aufblühender und durchaus politisch wirksamer Aktivismus. Mit unterschiedlichen Backgrounds und Formen des Commitments (vom Vollzeitaktivisten bis zum „Slacktivisten", der sich nur per Click im Internet beteiligt) schaffen Menschen weltweit eine Wissensbasis, bringen ihr Wissen auf Youtube in Tutorialform unter die Leute, gründen freie Universitäten im Internet (Udacity). Sharing ist caring; Bilder, Texte, Videos durchreisen das WWW bis zum anderen Ende der Welt in Sekundenbruchteilen. Und schon können die Urban Gardener aus Melbourne Tipps aus Tallin entgegennehmen. Oder aber, wie im Fall CAMOVER Überwachungskameras „smashen". Ausgehend von Berlin entwickelte sich dieses MEM wie ein Spiel: weltweit.

Spätestens die Bankenkrise hat zu einem kaum noch erschütterbaren Misstrauen gegenüber klassischen Broadcast-Medien geführt, wurden doch tagelang die Bilder von der New Yorker Börse und Dutzenden Demonstrierenden nicht in den „klassischen Medien" erwähnt. Vernetzung (Netzwerke) und die Schaffung einer Kommunikationsstruktur und Kommunikationskultur bewirkt, dass sich die unterschiedlichsten Arten von Expertenwissen miteinander vernetzen und mehr und mehr ein Gesamtbild entstehen lassen, das nicht nur Oberflächlichkeiten beschreibt, sondern weltumspannend in die Tiefe geht. Im Netz können schwierige Aufgaben out- und crowdgesourct werden; niemand findet die Antwort schneller, niemand knackt den Code besser als das vernetzte Gehirn der Vielen hinter den Rechnern. Das beste Beispiel ist die gesichtslose Gruppe ANONYMUS. Wir sind viele". (Die Dramaturgin und Netzaktivistin Christiane Hütter beobachtet für uns die digitalen Netzwerke).

Wie hatte es Keiner Keupp so richtig formuliert: Die Auflösung traditioneller Ligaturen (Verbindungen/Lager) reduziert auch Zwänge (und Ohnmachten füge ich hinzu) und Normierung. Einher gehen damit ein individueller (auch kollektiver ergänze ich) Freiheitsgewinn und eine Zunahme von Optionen.

Wenn politische Netzwerke (auf Zeit) dazu führen, die politisch Mächtigen weiter zu stören und sie dahingehend zu bewegen, dem Druck der so neu gewonnenen „mächtigen" Öffentlichkeit nachzugeben und längst überfällige Entscheidungen endlich auch gegen internationale Kapitalinteressen durchzusetzen, gewinnt Networking eine politische Dimension, die hoffen lässt und Mut macht.

Ich möchte diese zusammenfassenden Bemerkungen mit einigen Thesen abschließen.

Thesen

1. Das Zusammenleben der Menschen verändert sich. Die eingetretenen Veränderungen werden mit Begriffen bezeichnet. Ein solcher Begriff ist das Netz.
2. Netze sind darum auch eine gedankliche Konstruktion. Das Netz ist zu einem absoluten Begriff und einem geschlossenen theoretischen Feld geworden.
3. Netze sind etwas Drittes zwischen Gemeinschaften und politischen oder administrativen Institutionen.
4. Netzwerke haben Konjunktur. Sie scheinen die Kompensation für Kontingenz und Ungewissheit, die Alternative zu Blöcken und festen Gemeinschaften.
5. Wenn ein Netz etwas von den Menschen Geschaffenes ist, dann kann man es auch mit soziologischen Methoden untersuchen. Es bieten sich als Bestimmungsgrößen Ziel, Zweck, Nutzen und Macht an.
6. Netze sind nicht herrschaftsfrei. Wichtig sind hier die Größen Einfluss, Tausch, Zentralität und Prestige. Die „Macht" sitzt hier aber nicht an der Spitze und ist oft nur schwer zu identifizieren.
7. Netze sind viel vorteilhafter für den Einzelnen als eine Gemeinschaft. Sie ermöglichen ein zeitlich begrenztes gemeinsames Erleben.
8. Netzwerke können soziales Kapital erzeugen. Soziales Kapital befindet sich nie völlig im Besitz eines einzigen Akteurs.
9. Networking enthält eine Wertrationalität, die nicht im Widerspruch zur nutzenorientierten Zweckrationalität steht.
10. Networking ist heute eine Voraussetzung für gesellschaftliche Partizipation.
11. Netzwerken ist eine Kulturtechnik der Moderne.
12. Es ist eine Kulturtechnik, die man erlernen kann, die Gegenstand von Unterricht, Training und Beratung sein kann.
13. Will man im 21.Jahrhundert an den gesellschaftlichen Entwicklungen teilhaben, muss man sich in Netzen bewegen und eine entsprechende Professionalität erwerben.
14. Die Voraussetzung für ein gutes Networking ist das Selbst.
15. In der Beschäftigung mit der Identität bündeln sich in prismatischer Form die Folgen aktueller Modernisierungsprozesse (und Globalisierungsprozesse) für den Menschen.
16. Das Internet ist eine Hybrid-Organisationsform, welche sowohl den kommerziellen Markterfordernissen geradezu perfekt entspricht, als auch der Gemeinschaftsbildung dient.

17. Personale (haptische) Netzwerkarbeit (Networking) setzt die persönliche Begegnung voraus. Bei der personalen Netzwerkarbeit spielt der soziale Status eine ganz wichtige Rolle.

18. Computergestützte Netze zeichnen sich aus durch Geschwindigkeit, die Überwindung des Raumes und das Potenzial zum Zusammenführen ansonsten getrennter Akteure. Sie sind geeignet für das Herstellen von Kontakten; Kontakte sind aber keine Beziehungen. Beziehungen streben Verstehen an. Personale Netzwerkarbeit strebt Verstehen an.

19. Für die Existenz eines Unternehmensnetzwerkes ist entscheidend, dass mehrere bislang autonom agierende Unternehmen ein gemeinsames Ziel verfolgen und ihre Individualziele zumindest teilweise dem Kollektivziel des Netzwerks unterordnen.

20. Gründungsförderungsnetze sind eine politisch gewollte Form von Networking, also eine Art Governmentform. An ihnen werden die Alleinstellungsmerkmale des Netzwerkens und ihre Funktionen deutlich.

21. Erfolgreiche Netzwerkarbeit besteht aus der Identifikation des richtigen Netzes sowie dem richtigen Auftreten in diesem Netz.

22. Das Internet und die verschiedenen sozialen Plattformen sind Hilfsmittel, die mit einer gewissen Disziplin und Zielgerichtetheit eingesetzt werden müssen.

23. Wenn auch die Zahl der Nutzer zunimmt, so sperren sich immer noch viele Menschen gegen den Gebrauch und erkennen das Potenzial nicht. Noch gibt es keine Antwort auf die Frage, warum Ältere, aber auch Intellektuelle, sich in dieser virtuell-realen Welt nicht bewegen wollen und warum die Industrie keine aktiven Anstrengungen unternimmt, diese Bevölkerungsgruppen für ihre Produkte zu gewinnen.

24. Der Umgang mit diesen Medien erfordert eine Lernanstrengung. „Erfolg kann man lernen" gilt nicht nur für Verhaltensweisen und abstraktes Denken, sondern auch für die Auseinandersetzung mit den Kommunikationstechnologien. Gemeinsam erhöhen sie die Erfolgschancen in dieser offenen und freien Gesellschaft.

25. Politische Netzwerkaktivitäten im WWW können zu einer politischen Kraft werden jenseits der etablierten Strukturen, die beeinflussen oder gar erzwingen können, (über-) lebenswichtige Entscheidungen gegen staatliche Einzelinteressen oder internationale Kapitalinteressen durchzusetzen.

Mein Leben in Netzwerken – Ein biografischer Bericht

7

7.1 Mein Leben in Netzwerken – Ein biografischer Bericht

Ein Einzelgänger war ich nie. Schon meine Mutter berichtete von meiner kindlichen Neigung, Gruppen erst in Sandkästen, dann um die Häuserblocks herum zu bilden. Da sind wir natürlich bei einer ganz wichtigen Voraussetzung für das erfolgreiche Netzwerken: Man muss die Menschen mögen, mit ihnen gerne zusammen Spaß haben und gemeinsame Ziele verfolgen wollen.

Ich erinnere mich an eine Begebenheit Jahrzehnte später. Ich hatte einen Landtags-Wahlkreis in Kiel direkt gewonnen und engagierte mich lange vor den nächsten Wahlen für eine Bürgerinitiative, denen es um den Erhalt ihrer Wohnungen ging. Auf einer der Demonstrationen sagte ein mit mir befreundeter Landtagskollege aus einer anderen Fraktion: „Du willst mir doch nicht erzählen, dass Du Deine Freizeit gerne hier verbringst." Ich widersprach, weil ich das Anliegen der Bewohner dieser Wohnanlagen durchaus nachvollziehen konnte, aber vor allem auch, weil ich sehr gerne mit anderen zusammen für etwas eintrete, was Sinn macht, was verbindet und – wie in diesem Fall – auch gemeinsame Erfolge zeitigen kann. Es machte mir Freude.

Eine wichtige persönliche Voraussetzung fürs Networking ist sicher die Offenheit für Menschen, auch für „Anderslebende" und „Andersdenkende".

Folgerichtig übernahm ich schon während meiner Schulzeit Funktionen in der Schülerselbstverwaltung. Schon als Schülerfunktionär spürte ich, dass die Schulleitung mir trotz meines gelegentlich respektlosen Verhaltens sehr zuvorkommend begegnete und den Dialog mit mir suchte. Mit 18 Jahren trat ich der SPD bei. Die Wahl der Partei hatte viel mit dem sehr ausgeprägten Gerechtigkeitssinn meiner Mutter und meiner Großmutter und ihrer Nähe zur Sozialdemokratie zu tun. Auch während meiner über 40jährigen aktiven politischen Arbeit begleitete mich das Erleben, man muss eine aktive Rolle spielen, dann wird man anders – eben intensiver

K.-D. Müller, *Erfolgreich Denken und Arbeiten in Netzwerken*,
DOI 10.1007/978-3-658-02108-5_7, © Springer Fachmedien Wiesbaden 2013

– wahrgenommen und respektiert. Das begann mit dem Vorsitz eines Ortsver-
eins meiner Partei und der frühen Mitgliedschaft in der Ratsversammlung meiner
Geburtsstadt, in Ausübung meiner Funktionen in Land und Bund für die Selbst-
ständigen in der SPD und natürlich als Abgeordneter des Schleswig-Holsteinischen
Landtags.

Eine Erfahrung hat mich in Sachen Netzwerke besonders geprägt: Ich war lange
ein Gegner der Industrie- und Handelskammern und ihrer Zwangsmitgliedschaft
mit Pflichtbeiträgen. Bis ich dann Ende der 90er-Jahre durchaus von Frust begleitet
für die Vollsammlung der Kammer zu Kiel kandidierte und gewählt wurde.
Fortan stellte sich die IHK als ein schier unerschöpflicher Fundus an Kontakten
und Informationen dar, die meine betriebliche Arbeit erheblich befruchtete.

Schon früh, in den 80er-Jahren, begegnete ich einem sehr erfahrenen Unternehmer, Kurt A. Körber, Inhaber der Hauni-Werke für die Herstellung von
Tabakverarbeitungsmaschinen, der in Hamburg die schon damals sehr renommierte Körber-Stiftung gegründet hatte, die „eine Zusammenführung von Menschen
verschiedener politischer, sozialer und kultureller Herkunft" zum Zweck hat und
heute über ein Stiftungskapital von 510 Mio. € verfügt. Er riet mir mit meinen gerade 30 Lebensjahren auch irgendwann eine Stiftung zu gründen: „Mit Geld, das man
nicht für sich und den Betrieb benötigt, soll man etwas Gutes tun und durchaus
darüber auch reden" riet mir der große alte Unternehmer. Als meine Einnahmen einige Jahre später ein wenig Spielraum zuließen, erinnerte ich mich und gründete die
KDM-Stiftung zur Unterstützung des Nachwuchses in der Kunst und den Medien,
die mir heute noch – auf sehr viel bescheidenerem Niveau – viel Freude macht.

Gleiches kann man natürlich auch ohne viel Eigenkapital mit der Gründung
eines gemeinnützigen Vereins tun, zu dessen „Geburt" man insgesamt sieben Personen benötigt, von denen nach Eintragung ins Vereinsregister vier auch wieder
austreten können. Aber man hat eine kleine gemeinnützige Organisation und kann
positiv wirken, übrigens natürlich auch im Sinne der Branche und des Geschäfts-
feldes, in dem man arbeitet, Zeichen setzen und Gesicht zeigen, ehrenamtliches
Engagement dort übernehmen, wo ich mich wohl fühle und kompetent wirken
kann. Man wird zur „Marke": „Das ist doch der mit dem Künstlerhof für benach-
teiligte Kinder in seinem Wahlkreis!" Den hatte meine Stiftung mit öffentlicher
finanzieller Unterstützung zwischenzeitlich auf den Weg gebracht. Man steht für
Etwas und hat einen hohen Wiedererkennungswert.

Ich hatte mich inzwischen selbstständig gemacht. Zunächst war ich als
Immobilien- und Versicherungsmakler tätig, dann – mit der Privatisierung des
Rundfunks – als Fernsehproduzent und Teilhaber verschiedener Radiosender. Und
das, wen wird es wundern, nicht allein, sondern immer mit Partnern. Ich hatte gar
nicht das Geld, um ein Rundfunkunternehmen zu gründen. Auch hier half mir

mein Netzwerk. Als die sog. zweite Welle der Gründungen von privaten Radiosendern begann, wollten erfolgreiche Unternehmen im Lande nicht auch noch den zweiten privaten Radiosender den Zeitungsverlegern allein überlassen und bewarben sich auch um die Lizenz. Das war im Jahr 1988, Björn Engholm war gerade zum Ministerpräsidenten gewählt worden, nachdem Uwe Barschel tot in seinem Hotelzimmer in der Schweiz gefunden worden war. Die privaten Investoren suchten daher nach einem Mitgesellschafter, der zur neuen Landesregierung Kontakt hatte. Sie selbst standen der CDU nahe, Schleswig-Holstein war zuvor 36 Jahre lang von der CDU regiert worden. Der einflussreichste Investor fragte den SPD-Oberbürgermeister meiner Heimatstadt, ob ihm ein der SPD-nahestehender Unternehmer einfiele, den man beteiligen könne. Der OB nannte meinen Namen und so war ich im Geschäft. Auch mit den TV-Produzenten, die an den privaten Rundfunkmarkt drängten, bekam ich Kontakt durch Empfehlung eines Freundes. Inzwischen gehörte ich ja sozusagen dazu, zu den privaten Radio- und Fernsehproduzenten der Aufbruchzeit in das Zeitalter des „Dualen Rundfunks", in dem es seit damals neben den öffentlich-rechtlichen nun auch private Sender gibt.

Ich war sehr froh, nicht nur diese Chancen bekommen zu haben, sondern auch, weil ich Teil eines Teams sehr erfahrener Unternehmer wurde. Ich fühlte mich immer besser, Menschen um mich zu haben, die identische Interessen verfolgten und deren Rat ich schon deshalb mit sehr viel mehr Aufmerksamkeit aufnahm und verfolgte.

Mein Geschäftsführerkollege in unseren Fernsehproduktionsunternehmen begleitete mit leidenschaftlichem Interesse die technologische Entwicklung im TV-Bereich, war das, was man einen hanseatischen Kaufmann nennt und eher besonnen in seinen Gedanken und Taten. Ich selbst war immer auf Themen und Inhalte fixiert, aufs Marketing und eben das Netzwerken. Ich war mehr der „Macher", in Bezug auf Besonnenheit hätte ich mich manches Mal mehr an meinem Partner ausrichten sollen. Aber genau diese Mischung funktionierte perfekt. Wir kamen uns nicht ins Gehege, waren auch fachlich aufeinander angewiesen, ergänzten uns. Auch ein sehr wichtiger Punkt für Partnerschaften und im Netzwerken. Immer darauf achten, dass vielfältige Kompetenzen vertreten sind. Wissen und Erfahrungen, über die man selbst nicht verfügt, machen neugierig und schaffen „Mehrwerte". Einer, der kann, was ich selbst beherrsche, langweilt schnell oder fordert meinen Widerspruch heraus, denn die Bereitschaft zur streitbaren Auseinandersetzung ist in meinen Kompetenzdomänen doch sehr viel größer als in anderen Fragen. So sorgen aus gutem Grund viele namhafte Netzwerke/Clubs schon über ihre Satzungen für eine ausgeglichene Berufsstruktur in ihrer Mitgliedschaft, so auch die wohl größte Service-Cluborganisation der Welt mit über 1, 3 Mio. Mitgliedern, die Lions Clubs International.

In unserem Fernsehproduktionsunternehmen, das in der Spitze über 100 M/innen beschäftigte, ging es natürlich auch wesentlich darum, sehr gute Beziehungen zu den Sendern zu pflegen, die unsere wichtigsten Auftraggeber waren, aber natürlich auch zu Politik und Verwaltung. Selbstverständlich ist im Verhältnis zu Auftraggebern immer zuerst die Qualität der Arbeit wichtig. Aber auch geschäftliche Treffen, die Unterhaltungswert haben, auf denen man Kollegen trifft, die man schon lange mal wieder anrufen wollte, gehören dazu.

Nun hat man es als Medienunternehmen leichter, Menschen zu binden und spannende Veranstaltungen zu organisieren. Unsere jährlichen Regattabegleitfahrten zur Kieler Woche, dem größten Segelereignis der Welt, auf einem Traditionssegler waren legendär. Jedes Jahr trafen sich über 100 Medienmacher, Senderchefs, Fernsehdirektoren, aber auch Bundes- und Landesminister und Vertreter der Landesmedienanstalten auf den von uns gecharterten Schiffen. Was für Münchener Unternehmen die Einladung in ein Promi-Zelt auf dem Oktoberfest ist, für uns Nordlichter hat diesen Stellenwert die Kieler Woche. Was für alle Netzwerke aber gilt, auch wenn die Mittel bescheiden sind: Zu Veranstaltungen einladen an einen Ort, an dem viele noch nicht waren oder zu einem Ereignis, an dem die meisten noch nicht teilnehmen konnten. Das kann in Berlin ein ausrangierter U-Bahnhof sein, das leer stehende Fabrikgebäude, der Teufelsberg und vieles mehr. Auch die Veranstaltungen eines Unternehmens sollten ein Alleinstellungsmerkmal haben. So laden wir mit meinem Hochschulinstitut in diesem Jahr alle Geschäftsfreunde zum Kindermedienfestival GECKO in die Stephanus-Medienkirche-Berlin ein und zum anschließenden Abend in den Kirchengarten.

Was für die Veranstaltungen gilt, nämlich durch Alleinstellung Aufmerksamkeit zu erzielen, gilt auch für die Einladungen. Heute ist es üblich, zu Events per Mail einzuladen. Die Grenzen des Internets zeigen sich auch hier bereits deutlich. Die Stereotypie von Mails führt zu einer geringen Aufmerksamkeit beim Adressaten. Einladungen an Menschen, die einem wichtig sind, sollten in den meisten Fällen per Post versendet werden und – wenn möglich – auch handschriftlich unterzeichnet sein. Jede originelle Einladung oder auch Grußkarte wird als Wertschätzung wahrgenommen. Ich bin seit vielen Jahren auch als Kunstmaler tätig und entwerfe für meine Netzwerkpartner jedes Jahr einen neuen Engel für meine Weihnachtskarten. Ich werde immer wieder darauf angesprochen, man freut sich und ist gespannt auf die Karte zum nächsten Fest. Besonders gerührt war ich, als mir ein befreundetes Ehepaar bei meinem Besuch die gesamte Sammlung meiner Weihnachtskarten zeigte, die sie aufgehoben haben.

Sie können natürlich auch eine Veranstaltungsform wählen, die Ihre Partner mit einbezieht. Sie richten Ihre Veranstaltungsangebote, was leider nur noch sehr selten vorkommt, am „gemeinsamen Tun" aus. Sie laden Ihre besten Kunden und

Kontaktpersonen mal zu einem gemeinsamen Abend-Kochkurs bei einem erfahrenen Profikoch ein. Das ist gar nicht so teuer. Sie müssen es nicht gleich mit einem Fernsehkoch versuchen. Oder Sie regen an, gemeinsam etwas zu publizieren, einen Aufsatz zu schreiben oder ein Buch zu Ihrem beruflichen oder regionalen Umfeld gemeinsam zu verfassen oder auch nur als Herausgeber verfassen zu lassen. Das Entscheidende ist, man hat etwas gemeinsam unternommen oder sogar geschaffen. Das kann auch ein gemeinsames Kunstprojekt sein, etwa eine Skulptur, ein Brunnen oder kleines Denkmal, zu dem jede/r eine selbst gestaltete Fliese beiträgt. Unter Anleitung kann das jede/r, es bringt Freude und verbindet. In Kiel haben vor einigen Jahren sehr viele Menschen eine neue Bibelausgabe geschaffen, in dem jede/r nur eine Seite abschrieb. Die Bibel mit diesen vielen persönlichen Handschriften gab einem alten Werk eine sehr persönliche Dimension. -

Was wir übrigens im Umgang mit unseren Netzwerkpartnern immer sehr genau beachtet haben und auch heute noch pflegen: Wenn ein Unternehmensvertreter oder eine andere mit dem eigenen Unternehmen vertraute Persönlichkeit in den Ruhestand geht oder jemand sein Unternehmen verlassen muss, weiter einladen und zeigen, dass es Ihnen nicht nur um die Funktion geht, die eine/r bekleidet, sondern auch um den Menschen in der Position! Übrigens: Gute Leute tauchen immer wieder auf.

Wo wir bei Wertschätzungen sind: Eigentlich ist eine Selbstverständlichkeit, aber die Praxis sagt leider etwas anderes. Gehen Sie besonders auf das unmittelbare private, aber eben auch berufliche Umfeld von Netzwerkpartnern ein. Nehmen Sie die Sekretärinnen Ihrer Partner sehr Ernst, mit ihnen verbringt Ihr Geschäftsfreund mehr Zeit als mit seiner Familie und ich kenne sehr viele Manager, ich gehöre selbst dazu, die häufig ihre engsten Mitarbeiterinnen nach ihrer Einschätzung von Geschäftsfreunden und Netzwerkpartnern befragen. Gleiches gilt für die Inhaber von Schlüsselpositionen, die Damen und Herren am Empfang, der Fahrer oder auch der Hausmeister.

Ich werde nicht vergessen, wie ich den Unmut eines Parteivorstandsmitglieds erregte, der vor vielen Jahren unmittelbar nach mir ins Erich-Ollenhauer-Haus in Bonn kam. Bei meinem Eintreffen wurden alle Türen sofort geöffnet, der Kollege wurde nach seinem Ausweis befragt. Auch sein Hinweis, er sei Mitglied des Vorstands, half ihm nichts. Auf seine Vorhaltung, er habe gesehen, dass ich keinen Ausweis habe vorlegen müssen, wurde ihm geantwortet, das war auch Herr Müller – KDM. Wenn ich etwas Zeit habe, verwickle ich gerne Mitarbeiter/innen am Empfang von Firmen und Einrichtungen in kurze Gespräche. Das erleichtert in der Folge vieles.

Jetzt zur Veranstaltung selbst: Ein guter Gastgeber kennt seine Gäste, findet heraus, zu wem ein Gast passt, wen dieser vielleicht schon lange mal treffen und kennenlernen wollte. Man stellt die Gäste einander vor oder berücksichtigt das im Falle einer Sitzordnung.

Immer soll der Gast im Mittelpunkt stehen. Ich beobachte seit vielen Jahren, dass ausgelegte Gästelisten zwar mitgenommen werden, ich wage aber die Einschätzung, dass nur wenige Menschen die Gästelisten von Empfängen, an denen sie teilgenommen haben, wieder zur Hand nehmen und schauen, wer könnte von denen für mein eigenes Netzwerk interessant sein. Eine Kontaktaufnahme ist ja durchaus möglich, man hat einen gemeinsamen Anknüpfungspunkt, den letzten Gastgeber.

Meinen Wechsel von der Landespolitik in die Hochschule für Film und Fernsehen Potsdam-Babelsberg habe ich vor neun Jahren meiner Ausbildung und meinen vielfältigen Erfahrungen zu verdanken. Die Hochschule suchte für die Lehre eine Person, die den Bereich „Medienpolitik" kompetent besetzen sollte. Ich war Politologe mit dem Schwerpunkt Medienpolitik, hatte auch seit meinem Examen weiter an der Universität Hamburg und anderen Hochschulen Medienpolitik gelehrt, war Berufspolitiker und natürlich seit mehr als 15 Jahren Medienunternehmer. Aber auch hier half das Netzwerk, denn ich wusste nichts von der „offenen Stelle" und der Präsident der Hochschule kannte mich auch nicht. Der Fernsehdirektor eines öffentlich-rechtlichen Senders, der übrigens der CDU angehört und früher in der Medienlandschaft Schleswig-Holsteins eine Rolle spielte, empfahl mich dem Präsidenten, als er davon hörte, wer gesucht wird mit den Worten: „Der ist das, was Du brauchst." So kam ich ins Auswahlverfahren.

Jetzt galt es, ein neues Netzwerk an der Hochschule und im Land Brandenburg aufzubauen, ohne das alte Netzwerk im Norden zu verlieren. Auch ein ganz wichtiger Grundsatz für das Netzwerken: Niemals alte Kontakte, die sich bewährt haben, vernachlässigen, weil es eine neue Ausrichtung gibt, eine andere Fokussierung im Beruf. Die Netzwerkpartner und ihre Freunde sind das wichtigste Kapital, das Sie besitzen. Und Sie glauben gar nicht, wie schnell ein Kontakt aus der „alten Welt" neue Bedeutung in Ihrem aktuellen Umfeld bekommen kann.

Neben dem Fach Medienpolitik habe ich die Leitung des Instituts für Berufsforschung an der HFF übernommen. Unter dem Label Media Exist haben wir in den letzten fünf Jahren das größte Gründungszentrum an einer deutschen Kunsthochschule geschaffen. Wir beraten und begleiten Studierende bei ihrem Eintritt ins Berufsleben in allen Fragen, die für eine freiberufliche oder auch unternehmerische Perspektive von Bedeutung sind. Alle Gründungseinrichtungen an den neun staatlichen Hochschulen und Universitäten des Landes Brandenburg haben sich zu einem „Gründungsnetzwerk" zusammengeschlossen, dem BIEM Brandenburgisches Institut für Existenzgründung und Mittelstandsförderung, dessen Vorsitzender ich seit drei Jahren bin. Auch hier wird deutlich: Der ständige Meinungsaustausch mit den Kolleginnen und Kollegen hilft maßgeblich bei der Arbeit, der Verbund aller Gründungseinrichtungen des Landes hat ein ganz anderes „Standing" als jede einzelne Einrichtung an den Hochschulen, man wird beachtet, ein solcher Verbund kann nicht ignoriert werden, alle Verantwortlichen in Politik und Verwaltung nehmen zur Kenntnis, was von diesem landesweiten Netzwerk als Haltung formuliert wird. Gemeinsame Forschungsanträge haben sehr viel bessere Aussichten auf Erfolg.

Beobachten Sie genau, welche Netzwerke für Ihre Arbeit von Bedeutung sind und bringen Sie sich dort aktiv ein. Netzwerken ist handlungsorientiert. Wer in einem Netzwerk darauf wartet, „bespaßt" zu werden oder nur Informationen aufschnappen möchte, der wird scheitern.

In so exponierten Gründer/innen-Netzwerken, wie BIEM und MEDIA EXIST, kann ich meine eigenen Netzwerker-Qualitäten für die Nachwuchs-Unternehmer/innen richtig nutzbar machen, sei es bei der Suche nach Investoren, geeigneten Banken, Fonds, Fördermittelgebern oder auch bei der Identifikation von potenziellen Partnern. Im Hochschulverbund des Landes gibt es ein sehr großes Angebot an hochqualifizierten Nachwuchskräften.

Besonders wichtig ist es für Existenzgründer/innen, Zugang zu potenziellen Auftraggebern zu bekommen. Hier bietet ein großes eigenes Unternehmer-Netzwerk dankbare Ansatzpunkte. Ich habe in mehreren Fällen aber auch Branchenstudien im Rahmen von Diplom-, Bachelor- und Masterarbeiten sehr gerne initiiert und begleitet. Hier lernen die Examenskandidaten nicht nur sehr viel über ihre zukünftige Branche kennen, sie lernen auch ihre künftigen potenziellen Auftraggeber bei Interviews persönlich kennen und schaffen sich einen Fundus an Kontakten für den Aufbau des eigenen Unternehmens.

Lassen Sie mich an dieser Stelle das Thema „digitale Netzwerke" aufgreifen. Ich bin natürlich mit meinen 60 Lebensjahren ein „digital immigrant", also einer, der anders als die jungen Menschen („digital natives"), die mit den digitalen Medien groß geworden sind, mit dem Internet und seinen Möglichkeiten umgeht. Ich werde allemal nicht mehr so virtuos mit den digitalen Möglichkeiten umgehen, wie meine Enkelgeneration. Wer aber seiner Verantwortung, zum Beispiel im Hochschulbetrieb, gerecht werden will, muss die gesellschaftliche Veränderung und Bedeutung des Internets und seiner sozialen Netze erkennen und deren Entwicklung mit gestalten helfen. Das kann sehr wirkungsvoll sein, auch wenn man nicht jede Anwendung für sich selbst entdeckt hat. Den Möglichkeiten und Grenzen digitaler Netzwerke habe ein eigenes Kapitel gewidmet.

Die digitalen Netzwerke haben einem anderen Medienformat gewaltige Steigerungsraten beschert: den Games. Für viele, gerade ältere Menschen, immer noch Teufelswerk, sind Games in der Mitte der Gesellschaft angekommen, sie tragen zwischenzeitlich sehr viel zur Sozialisierung von jungen Menschen bei. Hier bietet sich die Möglichkeit, dieses Medium sinnvoll einzusetzen für die Vermittlung seriöser Inhalte, Werte und Vorstellungen. Als Lernmedium eignet sich das Game hervorragend – spielerisch lernen. Eine große mediale und gesellschaftliche Herausforderung.

Ich war ebenso überrascht wie erfreut, als mich ein junger Professorenkollege bat, mich in seiner neu gegründeten Games-Entwicklungsgesellschaft zu engagieren. „Ich weiß", sagte er, „Sie sind kein Spielefachmann, aber Sie sind ein erfahrener Unternehmer und verfügen über ein unschlagbares Netzwerk." Auch in diesem Fall hat sich wieder eines bestätigt: Zwei sehr unterschiedliche Persönlichkeiten mit sich ergänzenden Fähigkeiten und Kenntnissen sind ideal für gemeinsame Aktivitäten. So haben mich meine Netzwerkqualitäten noch im fortgeschrittenen Alter in die digitale Unternehmenswelt geführt. Eine sehr spannende Herausforderung.

Lassen Sie mich abschließend noch etwas zur „persönlichen Dimension" beim erfolgreichen Networking zu Protokoll geben:

Papst Johannes XXIII hat eine Eigenschaft auch für erfolgreiches Netzwerken sehr deutlich gemacht. Er sagte: „Ich habe noch nie einen Pessimisten nützliche Arbeit für die Welt tun sehen." Recht hat er. Der Erfolg braucht den Optimisten. Ich unterscheide die Menschen gerne plakativ zwischen „Lichtspendern" und „Lichtdieben". Ein Netzwerk braucht viel Licht.

Ich möchte mit dem Begriff der Authentizität den kleinen autobiografischen Exkurs beenden. Es geht um authentisches Verhalten in Netzwerken. Auch das ist Voraussetzung für den Erfolg. Belastbare Bindungen zu Menschen entstehen nicht durch Schmeicheleien, sondern durch ehrliches Auftreten, durch Authentizität. Das führt auch zu kritischen Situationen, wenn man Kritik meint üben zu müssen. Meine Ratschläge in diesem Zusammenhang heißen:

• „Die humorvolle Kritik" ist erträglich, nicht verletzen, bei kritischen Vorhaltungen im Kopf immer das Gewand des Hofnarren tragen.
• Man muss sich die Fähigkeit erhalten oder sie erst erwerben, sich aufrichtig entschuldigen zu können.

Ich möchte Ihnen zum Thema Authentizität ein wunderbares Zitat des römischen Philosophen Seneca mit auf den Weg geben, das auch nach 2.000 Jahren immer noch Gültigkeit besitzt:

Auch das ist ja eine ständige Ursache von Unruhe und Aufregung: wenn du dich immerfort ängstlich in Szene setzen musst, keinem dein wahres Gesicht zeigen kannst- so wie das Leben vieler Menschen auf Gaukelei und Angeberei eingestellt ist -, dann nämlich quält dich dieses ständige Sichselbstauflauern und die Furcht, ohne die gewohnte Maske ertappt zu werden. Wenn wir uns mit jedem Blick beurteilt glauben, werden wir ja nie die Sorge los! Gibt es doch genug Zufälle, die uns, ohne dass wir es wollen, bloßstellen und selbst wenn solches Achtgeben auf sich selbst gelingt, angenehm ist's gewiss nicht und riskant obendrein, wenn man ständig hinter einer Maske lebt. Wie viel Vergnügen macht dagegen echte, schlichte Natürlichkeit, die sich im Umgang ganz unbefangen gibt. Dennoch läuft auch diese Lebensart, wo alles allen offen liegt, Gefahr, verachtet zu werden. Gibt es doch viele, die gerade vor allzu großer Nähe zurück scheuen. Freilich muss die Tugend nicht befürchten, dass sie bei Lichte besehen an Achtung einbüßt – und auch dann ist es noch besser, sich durch Ehrlichkeit Verachtung einzuhandeln, als mit fortwährender Verstellung abzuquälen. (Seneca, Von der Seelenruhe, S. 219)

Literatur

Jürgen Barkhoff/Hartmut Böhme/Jeanne Riou (Hrsg.): Netzwerke. Eine Kulturtechnik der Moderne. Köln/Weimar/Wien 2004 (Böhlau).

Jürgen Barkhoff/Hartmut Böhme/Jeanne Riou: Vorwort. In: Dies. (Hrsg) 2004, a. a. O., S. 7–S. 16.

Hartmut Berghoff/Jörg Sydow (Hrsg.): Unternehmerische Netzwerke. Eine historische Organisationsform mit Zukunft? Stuttgart 2007 (Kohlhammer).

Jochen Brandstätter: Das flexible Selbst. Selbstentwicklung zwischen Zielbindung und Ablösung. München 2007 (Elsevier).

Stephen R. Covey: Die 7 Wege zur Effektivität. Prinzipien für persönlichen und beruflichen Erfolg. (15)2009 (Gabal).

Erik Deckers/Kyle Lacy: Die Ich-Marke. Erfolgreiches Eigenmarketing mit Social Media. München 2012 (Addison Wesley).

Helmut Eder: Kirche als Netzwerk. In: Jan Broch/Markus Rassiller/Daniel Scholl (Hrsg.): Netzwerke der Moderne. Erkundungen und Strategien. Würzburg 2007 (Köningshausen & Neumann), S. 257–S. 276.

Gerhard Fröhlich: Netz-Euphorien. Zur Kritik digitaler und sozialer Netz(werk)metaphern. In: Alfred Schramm (Hrsg.): Philosophie in Österreich 1996, Wien 1996 (Hölder-Pichler-Temsky), S. 292–S. 306. Online unter www.iwp.jku.at/lxe/wt2k/pdf/Netz-Euphorien.pdf.

Philipp Fuchs: Zur Grenze des Netzwerkbegriffs in der Soziologie. In: Bruch/Rossiller/Scholl (Hrsg.) 2007, a. a. O., S. 81–S. 101.

Katharina D. Giesel: Leitbilder in den Sozialwissenschaften. Begriffe, Theorien und Forschungskonzepte. Wiesbaden 2007 (Verlag für Sozialwissenschaften).

Boris Holzer: Netzwerktheorie. In: Georg Kneer/Markus Schroer (Hrsg.): Handbuch Soziologische Theorien. Wiesbaden 2009 (Verlag für Sozialwissenschaften), S. 253–S. 275.

Dorothea Jansen: Einführung in die Netzwerkanalyse. Grundlagen, Methoden, Forschungsbeispiel. Wiesbaden (3)2006 (Verlag für Sozialwissenschaften).

Marina Henning: Soziales Kapital und seine Funktionsweise. In: Christian Stegbauer/Roger Häußling (Hrsg.): Handbuch Netzwerkforschung. Wiesbaden 2010 Verlag für Sozialwissenschaften), S. 177–S. 189.

Heiner Keupp/Bernd Röhrle (Hrsg.): Soziale Netzwerke. Frankfurt/M./New York 1987 (Campus).

Heiner Keupp: Soziale Netzwerke. Eine Metapher des gesellschaftlichen Umbruchs? In: Keupp/Röhrle 1987, a.aO., S. 11–S. 53.

K.-D. Müller, *Erfolgreich Denken und Arbeiten in Netzwerken,*
DOI 10.1007/978-3-658-02108-5, © Springer Fachmedien Wiesbaden 2013

Heiner Keupp: Identitätskonstruktionen. Das Patchwork der Identitäten in der Spätmoderne. Hamburg 1999 (Rowohlt).

Lambert T. Koch: Zwischen politischer Mode und ökonomischer Methode: Zur Logik von Gründungsförderungsnetzwerken. In: Klaus Walterscheidt (Hrsg.): Entrepreneurship in Forschung und Lehre. Festschrift für Klaus Anderseck. Frankfurt/Main 2003 (Peter Lang), S. 149–S. 165.

Sybille Krämer (Hrsg.): Medien Computer Realität. Wirklichkeitsvorstellungen und Neue Medien. Frankfurt/M. 1998 (suhrkamp).

Hinz Kreutzer: Möglichkeiten und Grenzen von Social Media Marketing. Berlin 2010 (Institute of Management Berlin at the Berlin School of Economics and Law).

Gerald Lembke: Social Media Marketing. Berlin 2011 (Cornelsen).

Andreas Lutz: Praxisbuch Networking. Vom Adressmanagement bis XING.com. Wien 2009 (Line-Verlag).

Heribert Meffert: Marketing – Grundlagen marktorientierter Unternehmensführung. Wiesbaden 1998, (Gabler).

Heiner Meulemann: Soziologie von Anfang an. Wiesbaden (2)2006 (Verlag für Sozialwissenschaften).

Günter F. Müller/Walter Braun: Selbstführung. Wege zu einem erfolgreichen und erfüllten Berufs- und Arbeitsleben. Bern 2009 (Verlag Hans Huber).

Klaus-Dieter Müller/Wolfgang Flieger/Jörn Krug: Beratung und Coaching in der Kreativwirtschaft. Stuttgart 2011 (Kohlhammer).

Klaus-Dieter Müller, Cord Siemon: Gründungsnetzwerke – Ein organisationaler Rettungsanker zur Vitalisierung des Gründungsgeschehens? In: Der Network-Guide 2012, Nr. 1, S. 52–S. 63.

Anastasia Paschalidou: Virtuelle Realität als existenzielles Phänomen. Ein philosophischer Versuch. Würzburg 2011 (Verlag Königshausen & Neumann).

Psychologisches Wörterbuch, Bern (15)2009, (Verlag Hans Huber).

Ehrhard Schüttpelz: Ein absoluter Begriff. Zur Genealogie und Karriere des Netzwerkkonzepts. In: Stefan Kaufmann (Hrsg.): Vernetzte Steuerung. Zürich 2007 (Chronos), S. 25–S. 46.

Marie-Christine Schindler/Tapio Liller: PR im Social Web. Das Handbuch für Kommunikationsprofis. Beijing usw. 2011 (O'Reilly Verlag).

Brian Sheehan: Online-Marketing. München 2011 (Stiebner).

Jörg Sydow: Führung in Netzwerkorganisationen – Fragen an die Führungsforschung. In: Jörg Sydow (Hrsg.): Management von Netzwerrkorganisationen. Beiträge aus der „Managementforschung". Wiesbaden 2010 (Gabler), S. 359–S. 372.

Jörg Sydow und Stephan Duschek: Management interorganisationaler Beziehungen. Netzwerke – Cluster – Allianzen. Stuttgart 2011 (Kohlhammer), S. 120–S. 131.

Christa Titze/Klaus Rischar: Methoden der Persönlichkeitsanalyse. Menschen beurteilen und auswählen. Renningen-Malmsheim 2001 (expert-Verlag).

Leopold von Wiese: Allgemeine Soziologie als Lehre von der Beziehungswissenschaft der Menschen. München 1924–1929 (Duncker & Humblot).

Internet-Quellen

Private Nutzer Sozialer Netzwerke in Deutschland in 2011. Zahlen des Statistischen Bundesamtes – Pressemitteilung vom 16.05.2012 (https://www.destatis.de/DE/PresseService/Presse/Pressemitteilungen/2012/05/PD12_172_63931pdf.pdf?__blob=publicationFile)
Online Zeit – Zahlen aus Dezember 2011. http://www.socialmediastatistik.de/die-meiste-zeit-verbringen-deutsche-onliner-auf-sozialen-netzwerken.
http://en.wikipedia.org/wiki/Social_network_analysis_software
Amanda Palmer auf Kickstarter: http://bit.ly/amanda_palmer
Pebble E-Paper Watch auf Kickstarter: http://bit.ly/pebble_ewatch
Double Fine auf Kickstarter: http://bit.ly/double_fine.
Crowdsourcing auf Wikipedia: http://de.wikipedia.org/wiki/Crowdsourcing.
Definition von Crowdfunding (beta): http://bit.ly/Crowdfunding_Definition.
Crowdfunding als Alternative zur klassischen Filmfinanzierung: http://bit.ly/Crowdfundingstudie_Film
www.ikosom.de
CHI L'HA VISTO: http://www.chilhavisto.de/
Crowdfunding und andere Formen informeller Mikrofinanzierung in der Projekt- und Innovationsfinanzierung: http://bit.ly/Fraunhofer_Crowdfunding
Bud Spencer Dokumentarfilm: http://www.budspencermovie.com/
digitalfilmcamp: http://digitalfilmcamp.de/
Iron Sky: http://www.ironsky.net/
Wreck a Movie: http://www.wreckamovie.com/
Water makes money: http://www.watermakesmoney.com/
Social Film Marketing Blog – Homophobia: Mit der Crowd zum fertigen Kurzfilm [Interview]: http://bit.ly/Interview_Schmidinger

K.-D. Müller, *Erfolgreich Denken und Arbeiten in Netzwerken,*   101
DOI 10.1007/978-3-658-02108-5, © Springer Fachmedien Wiesbaden 2013